10.–

Werner Knubben

. . . der werfe den ersten Stein

LEBENS ZEICHEN

Werner Knubben

... der werfe den ersten Stein

Was nicht im Mordprotokoll steht

Herder Freiburg · Basel · Wien

Umschlagfoto: Chris Niedenthal

Herstellung: Freiburger Graphische Betriebe 1984
ISBN 3-451-20015-5

Inhalt

„Sie sehen mich an,
sie sehen mein Äußeres,
sie sehen mein Verhalten,
sie bilden sich ein Urteil,
bevor sie einen Blick
in mich geworfen haben.
Solch ein Urteil
zwingt mich vielleicht zu einem Lächeln,
aber niemals in die Knie!"

Peter

Statt eines Vorworts:

Ich wüßte ein billiges Rezept

Tonbandgespräch mit einem Gastwirt

Frage:
Was wissen Sie über den Täter, der die kleine Sabine ermordet hat?

Peter war noch ein junger Kerl, so mit sieben Jahren, als er mich einmal wahnsinnig geärgert hat. Ich habe damals in der Nachbarschaft des Hauses, wo er wohnte, auf einem Neubau geschafft. Ich war gerade dabei, mit einer Schneidemaschine zu arbeiten, als plötzlich kein Strom mehr da war. Es tat einen Knall, und aus war es. Der Peter hat mit einem Küchenmesser einfach das Verlängerungskabel durchgeschnitten. Sein Messer war von diesem Stromschlag schwarz verbrannt worden. Man sah es ganz genau. Ich habe eine Wut bekommen, weil das Kabel ja meinem Chef gehört hat und ich Rechenschaft schuldig war. Sofort bin ich zur Mutter von Peter gegangen und wollte den Schaden ersetzt haben. Sie wollte davon aber nicht viel wissen: „Können Sie beweisen, daß das der Peter war?" Ich bin dann noch zorniger geworden und habe ihr gesagt: „Wenn er nur vom Strom getroffen worden wäre, dann wüßten Sie, daß er es war!" Wo er doch das Messer noch in der Hand hatte. Der Peter war auch nachher noch bei vielen anderen Lausbubereien beteiligt. Aber man hat eben für ihn eine Haftpflichtversicherung abgeschlossen. Die hat das alles bezahlt. Meine Meinung ist, man hätte dem Kerl von Anfang an kräftig einheizen müssen. Man darf den jungen Leuten nicht alles nachsehen.

Als Peter dann aus der Schule entlassen worden war, wollte er eine Lehre in derselben Schlosserei beginnen, in der auch ich arbeitete. Er hat dem Chef aber gesagt, er würde nur mit der Arbeit anfangen, wenn ich nicht mehr in dieser Firma arbeitete. Vor mir hat er immer Respekt gehabt, wie die anderen auch. Ich weiß eigentlich gar nicht warum. Ich habe doch noch nie jemanden umgebracht. Ich habe sogar schon früher mehrere Lehrlinge auf einmal ausgebildet. Da hat es nie Schwierigkeiten gegeben.

Frage:
Aber in Ihre Wirtschaft ist der Peter gekommen?

Ja, ja, bei uns war er oft. Aber wenn ich da war, dann ist er nie frech geworden. Ich habe mir nie erlaubt, ihm mal eine an die Ohren zu hauen. Höchstens habe ich ihn mal ordentlich angeschrien. Ich gehe jeden Morgen in aller Herrgottsfrühe auf die Jagd. Deshalb schaue ich schon danach, daß es abends bald Feierabend gibt. So ein spezieller Säufer und Hocker, wie es in unserem Dorf auch einige gibt, war der Peter nicht. Wissen Sie, da gibt es Männer, die saufen jeden Abend das gleiche Quantum. Da brauche ich gar nicht mitzählen. Wenn so einer voll war, dann wußte ich, der muß 10 Bier bezahlen. Wir hatten damals aber auch einen Trinker, der hörte erst auf, wenn der Kasten Bier, den er brauchte, leer war. Dann schlief er ein. Meist habe ich solche Männer dann schlafen lassen. Die konnten dann während der Nacht oder am frühen Morgen durch den Hinterausgang raus. Da ist man auf dem Dorf nicht so zimperlich.

Frage:
Wieviel und wie oft hat denn der Peter getrunken?

Er konnte schon mal ein paar Bier und Schnäpse trinken. Als er noch ein Kind war, kam er hin und wieder mit seinem Vater zu uns. Damals waren noch die Kleintierzüchter in unserem Lokal. Eines Tages kam der Vater nicht mehr. Ich weiß nicht, was ich ihm getan habe. Seinen Kindern hat er offensichtlich auch verboten, in unsere Wirtschaft zu gehen. Der Peter kam trotzdem. Manchmal habe ich still vor mich hingelacht und gedacht: „Guck, der Vater hat's ihm verboten, und trotzdem kommt er!" So arg viel hat er damals aber nicht getrunken. Und wenn, meinen Sie, das könnte man verhindern? Heute haben die Leute doch viel zu viel Zeit zum Saufen. Wenn sie zum Arbeiten müßten, könnten sie nicht so lange in der Wirtschaft sitzen. Und das zweite: Wenn die jungen Leute nicht soviel Geld hätten, könnten sie nicht soviel Alkohol kaufen. Und wenn ich stur bin und die jungen Burschen hinauswerfe oder ihnen nichts gebe, gehen sie ins nächste Geschäft und kaufen sich dort eine Flasche Schnaps. Die trinken sie dann eben im Freien. Ist das viel besser? Beim Peter war das genauso. Wenn er Geld hatte, hat er gesoffen. Wenn er arbeitslos war, hatte er genug Zeit.

Frage:
Warum ist es dann wohl zu diesem Mord gekommen?

Warum? Das weiß ich auch nicht. Aber für mich ist eines klar: Wenn er das Mädchen umgebracht hat, dann gehört ihm auch der Kopf herunter. Da gibt's gar nichts. Das ist die sauberste und billigste Lösung. Fix – fertig. Es muß halt 100prozentig bewiesen sein. Und wenn's mein Sohn ist. Wo kommt man denn sonst noch hin.

Ich weiß ja nicht, wie alt Sie sind, aber wahrscheinlich wissen Sie von Hitlers Zeiten nicht viel. Da konnte jede Frau nachts auf die Straße gehen. Natürlich, viele Männer waren fort, bei der Wehrmacht. Aber wenn damals das Geringste passiert ist, dann wurde aufgeräumt. Der war weg vom Fenster, da mußte man nicht mehr lange auf den aufpassen. Damals sind natürlich auch viele Unschuldige umgekommen. Trotzdem, da wo es 100prozentig bewiesen ist, da muß der Kopf runter. Man kann ja nicht einen Menschen umbringen und dann immer noch eine große Klappe haben. Soweit sind wir ja noch nicht. Als bei uns in der Wirtschaft bekannt geworden ist, daß es der Peter war, da habe ich gleich gesagt: „Den sollen sie mir herbringen, ich haue ihm hinten im Hof den Kopf 'rab, mit dem Beil." Ohne mit der Wimper zu zucken, hätte ich das getan. Wer so etwas tut, ist fertig für mich. Nachher tät's mich vielleicht reuen. Aber im ersten Moment gäbe es nicht anderes. Das ist das Rezept! Mit den Haschbrüdern ist es genau das gleiche. Da ginge ich auch anders als die Polizei vor. Denen würde ich solange Haschisch spritzen, bis sie selbst daran sterben. Wenigstens die, die mit diesem Zeug handeln. Die würde ich gar nicht lange einsperren. Die bekämen bei mir ein Hotelzimmer und dann jeden Morgen: „Gib ihm, rein mit dem Zeug, was reingeht!" Bis sie tot sind. Dann wissen die, wie das ist.

Frage:
Sagen Sie, glauben Sie eigentlich an Gott?

Natürlich glaube ich an Gott. Was denn sonst? Es muß doch etwas geben. Wenn es Gott nicht geben würde, dann würde ja jeder jeden umbringen; womit wir wieder am gleichen Punkt wären. Also ich war schon in Rom, ich war schon in Lourdes und auch hier in der Gegend an manchen Wallfahrtsorten. Wissen Sie, Lourdes schaue ich heute noch als echtes Wunder an. Was da passiert, immer wieder, ist kaum zu glauben. Da will ich unbedingt noch einmal hin. 1952 war ich mit unserem Pfarrer dort unten. Ich bin damals überhaupt oft mit unserem Pfarrer unterwegs gewesen. Im Jahr darauf waren wir in Rom. Unser Pfarrer war schon ein Pfundskerl. Erst vor einem Jahr habe ich ihn in Bayern besucht, wo er in Rente lebt. Hat der eine Freude gehabt, als er mich gesehen hat. Wir sind uns um den Hals gefallen, wie Brüder. Also auf den Pfarrer lasse ich nichts kommen. Wir waren früher zusammen im Theaterverein. Ich hatte immer die Aufgabe, die Kulissen in Ordnung zu halten. Beim Drucken des Pfarrblattes habe ich auch Woche für Woche geholfen. Von daher stammt unsere Freundschaft.

Frage:
Haben Sie auch zur Gemeinde hier Kontakt?

Wenn ich den Pfarrer treffe, schwätze ich mit ihm. Wenn ich Zeit habe am Sonntagmorgen, gehe ich auch in die Kirche. Aber nur in die Frühmesse. Als Jäger kann ich ja nicht mitten am Tag in die Kirche sitzen. Morgens, da muß ich raus in den Wald. Hin und wieder muß man natürlich zu Beerdigungen gehen, geschäfts- oder verwandtschaftshalber. Da bin ich dabei, da kenne ich nichts.

Frage:
Würden Sie sich als aktiver Christ bezeichnen?

Ja, natürlich, ich bin katholisch getauft. Und das bleibe ich auch. Da gibt es natürlich mit meinen Kindern schon immer wieder Diskussionen, ob man jetzt sonntags in die Kirche geht oder nicht. Mein ältester Sohn hatte auch einmal einen Streit mit unserem Pfarrer. Seither will er nicht mehr so recht. Da sage ich immer: „Man geht ja nicht wegen des Pfarrers in die Kirche."

Frage:
Können Sie sich vorstellen, daß Gott dem Peter einmal seine Schuld vergeben wird?

Bei Gott ist das schon möglich. Wie ich es im Katechismus gelernt habe. An eine weltliche Vergebung glaube ich nicht. Das ist nun einmal passiert, das bleibt haften.

Frage:
Woher nehmen Sie das Recht, für den Peter die Todesstrafe zu verlangen?

Ha, er hat doch das Kind umgebracht. Das ist doch einwandfrei bewiesen. Wenn mein Jagdhund ein Kind beißt, dann kommt die Polizei und erschießt den Hund. Da fragt man gar nicht, was das Kind vielleicht dem Hund getan hat. Da heißt es nur: „Der Hund hat das Kind gebissen!"

Frage:
Ja kann man denn ein Tier mit einem Menschen gleichsetzen?

Ja, was denken Sie? Ich habe einen Jagdhund, mit dem kann ich so vernünftig sprechen, wie mit jedem Menschen. Mit dem spreche ich wie mit Ihnen. Wir sind tagtäglich miteinander auf der Jagd. Den brauche ich nur anzuschauen, dann läuft der. Dann weiß er, wo es gilt.

Frage:
Auch wenn Sie das vielleicht noch nie jemand gefragt hat: „Beten Sie hin und wieder?"

Ja, warum auch nicht. Beten tue ich vielleicht mehr als viele andere. Wenn ich draußen im Wald bin, da habe ich Zeit dazu. Um zu beten, brauche ich ja nicht in eine Kirche. Mein Onkel war auch Jäger. Der hat in jedem Kittel einen Rosenkranz stecken gehabt. Ich habe auch noch einen Rosenkranz. Wahrscheinlich steckt er in meinem Sonntagskittel. Der stammt noch aus Lourdes. Ich bete auch damit, nicht daß Sie meinen! Mich schauen die Leute immer nur von außen an. Ich bin schon ein wenig ein robuster Mann. Erschrecken tue ich vor nichts. Nicht einmal vor dem Teufel. Mir macht es auch nichts aus, wenn ein rechtes Unwetter am Himmel ist und ich bin draußen im Wald, mutterseelenallein. Das ist mir ganz egal. Ich bin immer bereit; ich habe niemanden bestohlen, niemanden umgebracht, niemanden beschissen. Wenn ich zum Beichten gehe, dann kann es vorkommen, daß der Beichtvater zu mir sagt: „Soll ich Sie gleich heilig sprechen?" Da habe ich zu dem gesagt: „Ja, soll ich Sie anlügen, ich kann doch nicht mehr sagen als das, was ich treibe." Ich sollte halt öfters in die Kirche gehen, hat er dann gemeint. Aber das kann ich erst dann, wenn ich keinen Wald und keine Jagd mehr habe. Solange ich noch gehen kann, gehe ich auch auf die Jagd. Wenn ich nicht mehr in den Wald gehen kann, dann kann ich auch nicht mehr in die Kirche gehen.

Wissen Sie, nach dem Tod meiner ersten Frau haben die

Leute im Dorf meine zweite Frau auch beinahe verrückt gemacht. Die haben nämlich behauptet: „Der hat doch seine Frau jede Woche geschlagen!" Aber das weiß doch jeder. Wenn ich meine Frau jede Woche geschlagen hätte, wäre ich doch keine 20 Jahre mit ihr verheiratet gewesen. Das wäre doch unmöglich. Das hält ja keine aus. Daß es schon manchmal „gescheppert" hat, das stimmt. Aber meistens wegen anderer Leute. Als meine Frau gestorben war, habe ich Hunderte von Zetteln gefunden, auf denen sie die Zechschulden von vielen Leuten aufgeschrieben hatte. Glauben Sie, daß da einer gekommen wäre, von diesen guten Christen, und hätte gesagt: „Du, ich habe noch Schulden bei deiner Frau gehabt!"

Zu meiner zweiten Frau habe ich dann gesagt: „Du, aufgeschrieben wird nichts mehr, wer kein Geld hat, soll an den Brunnen gehen zum Saufen." Ich bin der letzte, der nein sagt, wenn jemand etwas von mir haben will. Aber ausnützen lasse ich mich nicht. Draußen vor dem Dorf habe ich eine Wiese, da hat irgendeiner auf beiden Seiten ein ordentliches Stück abgemäht. Einfach so. Da soll ich nichts sagen? Gut, ich sage nichts. Aber den erwische ich, wenn heute nicht, dann morgen. Wenn ich das nächste Jahr das erstemal gemäht habe, haue ich 2 Eisenstäbe in den Boden. Wenn der dann mit seinem Kreiselmäher darüberfährt, oder mit seinem Messerbalken, dann weiß ich es, wer es war. Dann mache ich es genauso, wie es der Pfarrer in unserem Nachbarort früher in meiner Heimat in Bayern einmal gemacht hat. Der hat eine Lourdesgrotte gebaut, wobei ich kräftig mitgearbeitet habe. Wissen Sie, meine Tante hat ihm geputzt, und da bin ich auch immer wieder ins Pfarrhaus gekommen. Der Pfarrer hat auch eine wunderschöne Rosenhecke um die Lourdesgrotte angepflanzt, damals, und immer wieder hat man ihm die Rosen gestohlen. Da hat er kurzerhand eine kleine Mine gelegt.

Der Dieb ist gekommen, hat die Rosen abgerissen und ist am nächsten Tag mit einem zerrissenen Gesicht herumgelaufen. Da hat der Pfarrer gewußt, wer ihm die Rosen gestohlen hat. Der Mann hat sein Leben lang keine Rosen mehr gestohlen.

Es bleibt mein Kind, solange ich lebe

Die Mutter des Täters

Wir haben ganz klein angefangen. Meine Eltern waren Schwarzwaldbauern mit einem kleinen Hof. Der Grund und Boden, den wir zu bewirtschaften hatten, war klein. Außerdem lagen die meisten Wiesen an steilen Berghängen. Es war eine mühsame Arbeit, die nicht viel einbrachte. Zuwenig zum Leben und zuviel zum Sterben. Aber wir hatten uns kennengelernt, wir mochten uns. Und wie es halt oft geht, das erste Kind war bereits vor unserer Hochzeit unterwegs. Meinen Vater hat das sehr getroffen, ich war die jüngste Tochter. Auf mich hatte er seine ganze Hoffnung gesetzt. Meine Mutter tröstete ihn – ich weiß es noch wie heute: „Ach, es ist ja nicht so schlimm, wenn sie sich mögen, dann können sie sich ja heiraten." Und so kam es auch. Es war sogar eine besonders schöne Hochzeit. Im Löwen. Wir hatten dann eine Zwei-Zimmer-Wohnung mit Küche und fühlten uns richtig wohl.

Ein Jahr darauf kam das zweite Kind, ein Mädchen. Wieder ein Jahr später war Peter unterwegs. Mein Mann sagte damals: „Wir sparen, wir haben auch Platz fürs dritte." Ich ging ab und zu in den Wald, um beim Pflanzen zu helfen, ich arbeitete bei Bauern für ein paar Liter Milch und ein wenig Speck. Und wir freuten uns dann auch auf die Geburt unseres dritten Kindes. Bis zur letzten Stunde habe ich auf dem Feld gearbeitet. Wir waren beim Rübenhakken. Draußen auf dem Feld haben die Wehen eingesetzt. Mit dem Auto des Bauern, dem ich ausgeholfen habe, bin ich ins Krankenhaus gefahren worden. Aber alles ist gut gegangen.

Peter war von Anfang an ein süßer Kerl, er hatte 8 Pfund, und alle, der Arzt, die Schwestern und natürlich ich, haben sich gefreut, daß wir so einen Prachtskerl zur Welt gebracht haben. Er war immer ruhig. Er hat immer geschlafen, geschlafen von einem Schoppen zum anderen. Ich konnte nicht lange stillen. Erst nach einigen Wochen wurde Peter lebhaft wie andere Babies auch. So wuchs er dann heran; wir hatten viel Freude mit ihm.

Zwei Jahre später kam dann die Edith auf die Welt. Ich hatte es bei dieser Geburt besonders schwer, weil ich gleichzeitig eine Blinddarmreizung hatte. Als dann die Geburt zu Ende war, und der Doktor sagte: „Es ist ein Mädchen!", habe ich keine Schmerzen mehr gespürt. Ich war richtig glücklich. Alle waren glücklich, als ich mit dem Mädchen nach Hause kam.

Ich muß sagen, daß wir eigentlich von Anfang an eine gute Ehe geführt haben. Mein Mann hat immer gesorgt, immer geschafft, wo es nur zu schaffen gab. Nur, damit immer alles da war. Wir haben uns ja alles selbst aufbauen müssen.

Wir hatten ja gar nichts.

Immer wieder hatte ich Probleme mit dem Blinddarm, schließlich dann eine Blinddarmoperation. Die hat mich doch ziemlich geschlaucht, auch seelisch war ich am Ende. Der Arzt meinte, es wäre besser, wenn ich jetzt keine Kinder mehr bekommen würde. Aber damals war das halt noch nicht so einfach wie heute. So kam es, wie es wohl kommen mußte. Eines Morgens nahm ich wieder mein Köfferchen, fuhr mit dem Omnibus ins Krankenhaus, ganz alleine. Um 11.00 Uhr war dann der Hannes bereits da; auch ein Achtpfünder. Einige Wochen nach dieser Geburt ist dann mein Vater gestorben. Es war schlimm. Zu ihm konnte ich mit allen meinen Sorgen kommen. Gott sei Dank blieb uns noch die Mutter erhalten, sie hat mir geholfen, wo sie nur helfen konnte. Nur weil sie im Haushalt und auch bei den Kindern mitgeholfen hat, konnte ich Heimarbeit machen. Bis spät in die Nacht hinein saßen wir oft am Küchentisch und haben Postkarten koloriert. Aber mehr als 20,– DM wöchentlichen Nebenverdienst hat das auch nicht eingebracht.

Mit Kindern wurden wir reich gesegnet. Das Kleinste war noch keine 2 Jahre alt, hat sich schon wieder ein Kind angemeldet. „Auch damit müssen wir fertig werden", sagte mein Mann, und ich war froh, daß er eine so positive Einstellung zu einem weiteren Kind hatte.

Nach dieser Geburt entwickelte sich bei mir eine regelrechte Diabetes. Schon immer hatte ich zuviel Zucker im Blut. Mein Mann hat immer gesagt: „Kinder hätten wir jetzt eigentlich genug! Nimm doch mal die Pille." Die hätte ich eben nicht nehmen dürfen. Das hat mir nachher der Frauenarzt gesagt, wegen meiner Diabetes; und wegen meiner Krampfadern, die auch immer schlimmer geworden sind. 3 Monate habe ich die Pille genommen, dann wieder abgesetzt. Bums war die Stefanie unterwegs. Da ist für uns die Welt zusammengestürzt. Ich hatte damals schon eine Arbeitsstelle zugesagt bekommen. In einer Firma hätte ich jeden Nachmittag arbeiten können. Das hätte unser Einkommen wesentlich verbessert. Und wie wir es hätten brauchen können. Kurz zuvor hatten wir nämlich mit dem Umbau des Bauernhofes meiner Eltern begonnen. Da unsere Familie immer größer geworden ist, mußten wir unbedingt den oberen Stock ausbauen. Wie gut hätten wir dabei einen zweiten Zahltag brauchen können. Kaum hatten wir die neuen Zimmer im Haus bezogen, ist dann unsere Mutter verstorben. Sie hat es schon nicht mehr erlebt, daß wir noch ein Kind bekommen haben.

Damals kam es dann soweit, daß Peter diese erste dumme Sache gemacht hat. Sein Zahltag fiel dann auch weg. „Was sollen wir jetzt machen?" Das fragten wir uns ständig. Arbeiten konnte ich nicht mehr. Die größeren Kinder brauchten mich bei den Hausaufgaben, die Kleinen waren auch noch da. Das Baby wollte ich nicht weggeben in fremde Hände. Damals war es für uns furchtbar, noch einmal ein Kind zu haben, heute sind wir darüber so glücklich. Ich würde unser Mädchen um alles in der Welt nicht mehr hergeben. So ist es, wenn man noch einmal einen Nachzügler hat. Darüber hat uns auch unser Arzt hinweggeholfen: „Nehmen Sie alle Kraft zusammen, Sie werden einmal dankbar sein, daß Sie das Mädchen haben!" Und so ist es gekommen.Sie hat uns über so vieles hinweggeholfen.

Ich weiß nicht, was ich ohne sie gemacht hätte.

Ich habe mir oft gesagt: „Es weiß niemand, der es nicht durchgemacht hat, was es heißt, ein Kind zu verlieren!"

Ich habe eigentlich bereits zwei Kinder verloren. Damals nach einer Hirnhautentzündung den fünfjährigen Willi, jetzt den Peter. Als das Unglück mit dem Peter begann – als er zum erstenmal im Gefängnis saß –, waren unsere Nachbarn nicht nett zu uns. Was heißt: nicht nett. Sie haben uns regelrecht gemieden und geächtet. Wir haben uns jeden Tag fragen müssen: „Sind wir eigentlich auch kriminell?" Dann habe ich aber gesagt: „Warum sollen wir davonlaufen? Was geschehen ist, ist geschehen. Das verfolgt uns anderswo genauso. Ich habe ja nichts verbrochen, warum soll ich davonlaufen?" So sind wir hier geblieben. Viele haben uns geraten, irgendwo hinzuziehen, wo uns niemand kennt. Ich habe immer geantwortet: „Nein, erstens haben wir unseren Jungen auf dem Friedhof, und zweitens liegen meine Eltern da. Nein, ich ziehe nicht weg!"

Und ich werde auch dieses Mal, wo ja alles noch viel schlimmer ist, nicht weglaufen. Das geht nicht. Wenn man etwas aufgetragen bekommt im Leben, dann muß man das ertragen, egal wie.

Als Peter dann aus dem Gefängnis entlassen wurde, haben wir für ihn ein Zimmer neu eingerichtet, haben ihn wieder voll aufgenommen in unsere Familie und haben getan, was wir tun konnten. Die Geschwister haben ihn mitgenommen zum Tanzen, zu anderen Veranstaltungen, haben ihm den Eintritt bezahlt, haben ihn spüren lassen, daß er ihr Bruder ist.

Als er dann bei einem Einbruch beteiligt war, hat er mir geschworen: „Mutti, das war das letztemal, daß ich Dir Sorgen mache!"

Wir hatten aber immer Angst, daß etwas passiert. Mit diesem Gedanken sind wir eingeschlafen, mit diesem Gedanken sind wir morgens wieder aufgewacht. Und nach einem Jahr ging es dann auch bergab. An einem Samstagnachmittag kam er ganz verschwitzt und nervös ins Haus. Draußen saßen in einem alten, verbeulten Auto seine Kumpel. Mein Mann sagte: „Das sind keine Rechten!" Die hatten lange Haare – da bin ich sowieso ein wenig komisch –, sie gefielen uns nicht. „Peter, bleib doch da, du bist doch schon angetrunken, leg dich doch ins Bett!" Aussichtslos. Halten konnte ich ihn nicht, alt genug war er. Das war nachmittags. So um 18.00 Uhr fingen wir an, uns zu baden. Da saß mein Mann in der Badewanne und sagte plötzlich: „Weißt du, Mama, heute ist mir gar nicht wohl; ich ahne, heute passiert noch etwas!" „Mal nicht den Teufel an die Wand!" habe ich ihm darauf geantwortet, obwohl ich auch kein gutes Gefühl hatte.

Dann ist das mit dem Unfall passiert. Peter wollte sich mit seiner Freundin Erika treffen. Zu einer Aussprache. Mit dem Auto eines Kumpels hatte er einen Unfall verursacht. Wir saßen zu Hause, ich unter der Trockenhaube, mein Mann vor dem Fernseher. Da klingelte es. Die Polizei stand vor dem Haus. „Haben Sie einen Sohn Siegfried?" „Nein, wir haben noch einen Peter!" antwortete mein Mann. „Dann ist es der Peter!" bekam er zur Antwort. „Ja, was ist denn passiert, um Himmels willen?" Dann erfuhren wir, der Peter habe einen Unfall gehabt, liege jetzt im Kreiskrankenhaus und müsse vielleicht noch in die Universitätsklinik verlegt werden. Mein Mann zog sich an und ist mit unserem ältesten Sohn in die Kreisstadt gefahren.

Später, als das mit dem schrecklichen Mord passiert war, dachte ich: „Oh, wenn er nur damals gestorben wäre." Dann wäre ihm und uns viel erspart geblieben. Solche Gedanken sind mir immer wieder gekommen. Ich habe sie verdrängt und habe mir gesagt: „So etwas darfst du nicht denken!"

Nach seiner Entlassung aus dem Krankenhaus hat Peter immer wieder gesagt: „Jetzt habe ich einen steifen Ellenbogen, das soll mir eine Warnung sein!" Solche guten Vorsätze faßte er immer wieder.

Aber dabei blieb es. Geschafft hat er es nicht. Der Umgang wurde auch nach dem Unfall nicht besser. Die haben ihm ja keinen Mut gemacht, im Gegenteil. Wenn er ihnen keine Runde zahlte, dann fuhren sie ihn auch nicht dahin, wohin er wollte. So kam er einfach nicht von denen los.

Seine Freundin Erika wollte nicht, daß er immer mit diesen Kumpels unterwegs war. Sie wollte ihn für sich haben. Immer, wenn die beiden alleine weg waren, trank Peter keinen Tropfen Alkohol. Wenn er mit seinen Kumpels aus war, kam er betrunken nach Hause. Erika sagte immer wieder: „Ich kann doch nicht ewig auf dich aufpassen, ich muß mich doch auf dich verlassen können!" Peter konnte und wollte diese Erwartung nicht erfüllen. So ist diese Beziehung – ich glaube, es war schon Liebe – auseinandergegangen. Das war schicksalhaft. Wenn diese Liebe gehalten hätte, wäre das später alles nicht passiert. Peter war ständig in Geldsorgen. Obwohl er keines hatte, gab er ständig welches aus. Er hat es sich halt ausgeliehen. Er hat sich so durchgebettelt, auch mit Wetten hat er sich immer wieder ein Bier ergattert. Ich glaube, er hatte viele Schulden.

Nach der Tat kam eines Tages ein junger Mann zu uns an die Haustüre: „Sind Sie Peters Mutter, ich bekomme noch 20,– DM von ihm!" Ich konnte nur antworten: „Dann gehen Sie ins Gefängnis und holen Sie es!" Das war vielleicht nicht recht von mir. Aber ich konnte nicht anders.

So kam es dann zu dieser schrecklichen Katastrophe. Durch den Lautsprecher hat die Polizei durchgegeben, daß die Sabine ermordet worden ist. „Mama, hast du das gehört? Es wird doch nicht der Peter gewesen sein", das hat mich sofort unser Zweitjüngster gefragt. Mir ging es genauso: Das darf er nicht gewesen sein. Aber das war nur eine schwache Hoffnung. Sie hat sich nicht erfüllt. Die Polizei kam zu uns. Erst zu zweit, dann noch zwei. Ich dachte: „Jetzt geht die Welt unter!" Ich habe alles gesagt, was ich wußte. Ich habe den Schlitz in der Jacke gezeigt, den ich bereits entdeckt hatte.

Ich habe als erste die Blutflecken auf der Hose gesehen.

Trotzdem habe ich in meinem Innern immer noch gehofft. Inständig habe ich gebetet: „Lieber Gott, lasse es nicht zu!"

Er hat es zugelassen.

Da war einer dabei von der Kripo, der wollte mich trösten. Der hat von einem Kollegen erzählt, der auch große Sorgen wegen seines Sohnes hätte, wegen Rauschgift. So gut er es gemeint hat. Aber ein Trost konnte es für mich nicht sein.

Peter hat zuerst alles abgestritten, wie immer. Aber die Beweise waren erdrückend. Da war es aus.

So bitter es war, ich konnte ihm nicht helfen. Bei einer solchen Tat kann man nicht mehr helfen. Auch nicht dem eigenen Kind. Ich mußte die Wahrheit sagen, auch wenn diese Wahrheit ihn überführt hat. Es war ja nicht auszuhalten, daß er die Sabine umgebracht hat, ein Kind, das wir vom Sehen her gekannt hatten. Auch die Eltern hatten wir seit Jahren gekannt. Wir haben gewußt, wo diese Familie wohnt, wer alles zu dieser Familie gehört ...

Ich sagte noch zu dem Beamten, der mich hatte trösten wollen: „Jetzt hat er mein Mutterherz zerbrochen, ich will ihn nie wieder sehen!" Das waren meine Worte. Als ich dann in sein Zimmer ging, war das erste, was ich dachte: „O je, was hast du vorher gesagt?" Aber auch: „Mein Gott, warum hast du uns verlassen, warum hast du uns so hart bestraft?" Warum gerade uns? Dann dachte ich wieder: „Wie vielen geht es so, wie viele müssen auch leiden?" Aber man hat ja das Empfinden für die Lage dieser Menschen nie gehabt zuvor, weil man selber nie betroffen war.

Wie sie dann kamen, die Bettwäsche abzogen, die Kleider einpackten, alles, was er getragen hatte, war es gerade so, als ob ein Stück von mir selbst weggetragen würde.

Wie ich Peter dann zum erstenmal im Gefängnis besucht habe – er wollte uns ja lange nicht sehen, weil er offensichtlich Angst vor dieser Begegnung hatte –, war es zum Verzweifeln. Ich hörte die Schlüssel klappern, die Türe aufgehen. Dann sah ich den Peter dastehen. Er stand da wie angewurzelt. Er wußte nicht, was er sagen sollte, und ich wußte nicht, was ich sagen sollte. Wir schluckten beide. Obwohl wir unsere Tränen hinunterschluckten, sie liefen uns übers Gesicht. Ich ging auf ihn zu und lächelte. Ich sehe ihn noch genau vor mir. Als er mein Lächeln sah, fiel ein Stein von seinem Herzen. Er kam dann auf mich zu, gab mir die Hand. Ich nahm ihn kurz in den Arm und sagte: „O Junge, was hast du uns bloß angetan?" Mehr konnte ich gar nicht sagen. Er sagte nur: „Ich weiß auch nicht, wie ich so etwas tun konnte!" Mehr haben wir über diesen Fall gar nicht gesprochen. Aber ich glaube, daß unser Sohn Peter merkte, wir lassen ihn nicht ganz im Stich.

Zum Abschied tröstete er mich: „Mama, nimm's nicht so schwer, du hast schon einen ungeratenen Sohn!"

Das war für mich furchtbar.

Kurz vor der Verhandlung sind wir alle – die ganze Familie – zu ihm gefahren. Er hat damals noch gehofft, sein Rechtsanwalt könnte eine lebenslange Strafe verhindern. Aber wir wußten, was auf so eine Sache steht. So kam es dann zur Verhandlung. Papa und die zwei ältesten Söhne waren dort. Zwei Tage lang. Sie waren ganz verstört und geschlagen, als sie nach Hause kamen. Vor allem haben sie darunter gelitten, daß auch welche von unserem Dorf da waren, die die Neugierde getrieben hat. Seine Kumpels waren auch da.

Als Peter und sein Rechtsanwalt dann Revision oder so etwas einlegen wollten, wußte ich gleich, daß das keinen Wert hatte. Der Rechtsanwalt hat sich ja nicht einmal mit uns in Verbindung gesetzt. Wir hätten schon erwartet, daß er uns fragt: „Was meint ihr dazu, was könnte man nach eurer Meinung tun?" Mein Mann hat immer gesagt: „Wenn der sich nicht meldet, gehen wir auch nicht hin. Wir werden sehen, was sich tut!" Wenn wir selbst einen Rechtsanwalt genommen hätten und dafür 3000,– bis 4.000,– DM bezahlt hätten, wäre das auch keine echte Hilfe gewesen für Peter. Vielleicht hätte er dann zwei oder drei Jahre weniger bekommen. Helfen kann man ihm aber nur, wenn er von den Problemen geheilt werden kann, unter denen er leidet. Mit denen er nicht fertig wird. Ich glaube, man muß immer für ihn sorgen, damit nie wieder so etwas passiert.

Fast jeden Tag möchte ich den Mitmenschen zuschreien: „Seid doch bitte nicht so voreilig mit eurem Urteil gegenüber Eltern und Familien, die von solch einem Schicksalsschlag getroffen werden!" Morgen bereits kann es eine andere Familie treffen. Diejenigen, die immer wieder sagen: „Meine Kinder, die machen so etwas nie!", die sollten vorsichtiger sein.

Oh, wie oft war ich am Verzweifeln und wollte Schluß machen. Immer wieder habe ich hinaufgeschaut und neuen Mut gefaßt. Heute weiß ich besser denn je: „Peter bleibt mein Kind, solange ich lebe!"

Wie schön wäre es, wenn wir morgen früh aufstünden und alles wäre gar nicht wahr

Der Vater des Täters

Wir sind sogenannte Flüchtlinge. In Westpreußen bin ich in einem kleinen Ort im Kreis Stuben aufgewachsen. Ich war gerade zehn Jahre alt, als der 2. Weltkrieg begann. Mein Vater wurde eingezogen und war im Krieg höchstens drei- bis viermal zu Hause. Mein ältester Bruder, der gerade 16 Jahre alt geworden war, ist in den letzten Kriegstagen als Flakhelfer gefallen. Mein Vater war vermißt oder in Gefangenschaft. Wir hatten Anfang 1945, als wir fliehen mußten, keine Nachricht von ihm. Am 21. 1. 45 wurde unser ganzes Dorf, es waren nur noch Frauen, Kinder und alte Leute da, in einem Güterzug evakuiert. Ursprünglich hieß es, daß wir nur vorübergehend unsere Häuser verlassen müßten. In 8 Tagen sei alles vorbei. Aber der Güterzug fuhr und fuhr, stand wieder 2 Tage und fuhr dann wieder bis nach Neubrandenburg. Acht Tage lang waren wir unterwegs, das hat gestimmt. Aber unser Ziel war nicht die Heimat, sondern ein ostelbischer Gutshof, der einer adeligen Familie gehörte und wo dringend Arbeitskräfte gebraucht wurden. Bis zum April des Jahres 45 kamen wir dort unter: meine Mutter, ein älterer Bruder, 4 jüngere Geschwister und ich. Unsere Mutter hat uns alleine durchgebracht. Trotzdem haben wir Glück gehabt, wir blieben zusammen. Wir mußten zwar viel arbeiten, bekamen dafür aber zu essen. Ein richtiges Bett haben wir alle auf dieser insgesamt über fünf Jahre langen Flucht allerdings selten gehabt. Fünf Jahre lang waren wir unterwegs, bis wir im Schwarzwald endlich wieder eine Bleibe fanden.

Aber bis dahin war es noch weit.

Eines Tages waren die Gutshofherren plötzlich verschwunden. Sie hatten offensichtlich bessere Informationen. Später haben wir erfahren, daß sie nach Dänemark geflohen sind. Wir wurden kurz vor Kriegsende von amerikanischen oder englischen Einheiten, ich weiß das nicht einmal mehr genau, auf dem Gutshof gefangengenommen. Mit gefangenen deutschen Soldaten wurden wir auf einem offenen Lastwagen in das Flüchtlings- und Gefangenenlager Wittenburg transportiert. In einer Wirtschaft waren wir ein halbes Jahr lang untergebracht. Der Name dieser Wirtschaft war „Zum deutschen Haus". Das geht mir bis heute nicht aus dem Sinn. In einem großen Saal waren Strohsäcke ausgelegt, aus einer Gulaschkanone gab es ab und zu mal etwas Warmes zu essen. Armseliger kann man sich ein Leben eigentlich nicht mehr vorstellen. Da lebten wir zusammen mit unserer Mutter. Der älteste Bruder war tot, und vom Vater wußten wir nichts. Dann wurde uns eine Einzimmerwohnung in einem Dachboden zugewiesen. Fast drei Jahre lang lebten wir in diesem Zimmer, zu sechst. Auf dem Kanonenofen wurde gekocht, das wenige, das es überhaupt zu essen gab. Erst 1948 kamen wir nach Schleswig-Holstein in die Nähe von Husum, 5 km vom Meer entfernt. Nach einem kurzen Aufenthalt in einem Verteilungslager wurden wir einem Bauernhof zugewiesen, wo wir 2 Zimmer für uns hatten. Die Mutter hat hart arbeiten müssen, wir Kinder mußten helfen. So hatten wir wenigstens genug zu essen. Auch sonst ging es aufwärts. Wie glücklich waren wir alle, als wir eines Tages eine Postkarte erhielten, unser Vater sei in Gefangenschaft in Lyon. Und es bestünde gute Aussicht, daß er bald zu uns käme. So war es auch. Im Herbst 1948 kam unser Vater auch auf diesen Hof. Wenn er auch offiziell keine Arbeitsstelle hatte, so konnte er doch auf dem Bauernhof mithelfen. Wir durften auch selbst ein Ferkel aufziehen. Zum erstenmal hatten wir wieder etwas Eigenes. 1950 hieß es, es gehe ein Transport ins Rheinland. Wir hatten schon alles in Kopfkissen und Pappkartons verstaut, als der Transport wieder abgeblasen wurde. Vier Wochen später erst ging es dann tatsächlich los. In den Schwarzwald. Als wir in diesem kleinen Dorf, wo wir heute noch wohnen, ankamen, waren die Leute ganz überrascht, daß wir sogar ein kleines Schweinchen mit uns führten: „Das sind doch keine Flüchtlinge, wenn sie sogar ein Schwein dabei haben." Als wir damals auf das Dorf zumarschiert sind, haben wir zu unseren Eltern gesagt: „Da gefällt es uns nicht!" Zuerst sind wir auf verschiedene Familien verteilt worden, die Mutter hat beim Bürgermeister gekocht und geputzt, der Vater war im Wald, wir haben in einer Wirtschaft geholfen. Aber, wir haben uns durchgeschlagen. Wir fanden alle miteinander bald eine Arbeit und bauten uns eine neue Existenz langsam aber sicher auf. Wir blieben zusammen, bis jeder nach und nach sein Mädchen kennengelernt hatte. Unser Papa ist schon längst tot, die Mutter ist auch vor ein paar Jahren gestorben, drei von uns Geschwistern leben noch heute hier.

Nicht in meinem schlimmsten Träumen habe ich geahnt, daß die Zukunft einmal so traurig sein würde.

Schon oft habe ich abends im Bett zu meiner Frau gesagt: „Wie schön wäre es, wenn wir morgen früh aufstünden – und alles wäre gar nicht wahr!"

Ich habe den Peter genau so lieb gehabt wie die anderen Kinder. Auch heute habe ich ihn nicht verstoßen. Wenn er zu Hause war, konnte man bestens mit ihm auskommen. Kaum war er draußen, ging's los. Ich habe früh schon gespürt, daß der Peter unser Sorgenkind ist. Schon als er in die Schule gekommen ist, ging's los. Ich mußte öfters zur Lehrerin kommen, weil der Peter halt ein Spitzbub war. Wo etwas angestellt wurde, war der Peter dabei. Ich bin ihm mit Verständnis und mit Härte begegnet. Auch als der die achte Klasse wiederholen mußte, habe ich ihn wohl gehörig ins Gebet genommen, habe ihm immer und immer wieder klargemacht, daß es nur am Fleiß, nicht an der Intelligenz fehle. Das haben alle Lehrer bestätigt. Aber der Peter war halt faul. Aber rauchen konnte er. Schon bevor er 14 Jahre alt war, hat er immer wieder heimlich geraucht. Er ist bis heute ein sehr starker Raucher geblieben. Was soll ich dazu sagen. Ich habe auch mit 15 Jahren begonnen zu rauchen. Heute rauche ich nicht mehr.

Aber der Alkohol. Als Peter etwa 15 Jahre alt war, habe ich gemerkt, daß er in den beiden Wirtschaften unseres Dorfes häufig einkehrt. Damals hat er angefangen, Bier zu trinken. Er war immer stolz darauf, daß man ihm nur selten etwas angemerkt hat. Später war es oft so, daß er nachts total betrunken heimgekommen ist, am nächsten Morgen aber ohne Murren aufstand und zur Arbeit mitfuhr. Ich glaube, der Peter hat so gut wie noch nie einen Kater gehabt. Das war nicht gut für ihn. Er mußte seine Zechtouren nie mit Übelkeit oder Kopfweh bezahlen. Diese Warnsignale haben ihm gefehlt. Diese „Begabung" hat sicherlich auch dazu beigetragen, daß er danach, als es passierte, regelrecht alkoholkrank gewesen ist.

Das alles kann natürlich diese grausame Tat nicht entschuldigen. Ich möchte überhaupt nichts entschuldigen. Ich muß mir alles gefallen lassen, was so an Vorwürfen offen oder heimlich gesagt wird. Aber meine anderen Kinder, die sind unschuldig, die soll man doch um Himmels willen in Ruhe lassen. Die können doch nichts dafür. Peter ist mein Sohn. Dazu stehe ich. Ich habe mir immer gedacht, wenn ich beleidigt und verletzt worden bin: „Wenn du ein wenig nachdenken würdest, könntest du so etwas nicht sagen."

In der Nacht, nachdem alles herausgekommen ist, habe

ich kein Auge zugemacht. Am nächsten Morgen um 04.00 Uhr wurde ich von meinen Arbeitskollegen abgeholt zur Frühschicht. Schon als wir zur Arbeit gefahren sind, habe ich gedacht: „Sie werden's doch hoffentlich noch nicht wissen!" Keiner hat etwas gesagt. Als ich mich vor meinem Spind dann umzog, kam ein jüngerer Arbeitskollege zu mir her, sagte: „Na, ihr Mörder!", und ging wieder weiter. Ich habe gar nichts sagen können. Während des Vespers schaute mich ein anderer, ebenfalls jüngerer Arbeitskollege so von der Seite an und sagte ganz lässig: „Na, ihr Mörder-Family!"

Da, wo ich es am wenigsten zuvor erwartet hätte, habe ich am meisten Verständnis erfahren. Von meinen ausländischen Arbeitskollegen. Seien es Türken, Jugoslawen oder Italiener. Einmal kam ein italienischer Arbeitskollege zu mir, erkundigte sich nach Peter, und als ich ihm sagte, ich wisse nichts Neues von ihm, munterte er mich auf: „Es ist und bleibt doch dein Sohn, du darfst ihn nicht fallenlassen!" „Natürlich", habe ich dem gesagt, „aber ich kann ihn zur Zeit nicht besuchen. Ich kann einfach nicht." Einmal kam ein Türke auf mich zu: „Darf ich mit dir über Peter sprechen?" Das hat er so freundlich und lieb gesagt, daß daraus ein ganz gutes Gespräch geworden ist. Ich kann mich noch so gut daran erinnern: „Du hast sicher schon gehört, daß er lebenslänglich bekommen hat!" „Ja, aber da kannst du doch nichts dafür!" So wollte er mich trösten. Ich habe ihm dann erklärt, daß ich jetzt endlich beruhigt sein könne. Ich bin, ehrlich gesagt, jetzt viel ruhiger. Ein wenig ruhiger mindestens. Vorher war immer das Ungewisse: „Was wird geschehen, was passiert noch?" Jetzt weiß ich, er ist aufgehoben, er kann nichts mehr anstellen.

Manche gucken mich schon von der Seite an, das merke ich. Auch ich kann ihnen nicht mehr so richtig in die Augen schauen. Aber insgesamt kann ich mich über die Reaktion meiner Arbeitskollegen nicht beklagen. Auch unsere Nachbarn haben uns nicht im Stich gelassen. Jetzt, im zweiten Fall. Nach dem ersten Fall damals, da war es allerdings anders. Da mußten wir unser eben umgebautes Bauernhaus verkaufen und am anderen Ende des Dorfes ein Fertighaus bauen. Unsere Nachbarn hatten uns keine Luft zum Leben gelassen. Heute ist es anders. Unsere jetzigen Nachbarn haben gleich zu uns geholfen. Die kamen am nächsten Tag und haben uns getröstet. Die Frau Sonntag hat uns damals gesagt: „Ja, da könnt ihr doch nichts dafür, ihr dürft jetzt nicht verzweifeln, ihr müßt jetzt an eure anderen Kinder denken!" Am Anfang sind wir gar nicht mehr aus dem Haus gegangen. Man hat uns im Dorf schon schräg angeguckt. Auch zum Jedermann-Turnen des Sportvereins bin ich nicht mehr gegangen. Erst als der Vereinsvorsitzende zu uns nach Hause kam und meinte: „Ihr könnt euch doch nicht verkriechen und alles in euch hineinfressen, ihr müßt doch auch unter die Leute gehen", habe ich mich wieder aufgerafft. Meine Frau geht seither auch mit. Wir sind beide froh darüber.

Wenn ich aber an das Verhalten meines eigenen Bruders denke, schnürt es mir das Herz zusammen. Das hat schon angefangen, als Peter das erstemal im Gefängnis war. Seitdem will er mit uns nichts mehr zu tun haben. Seitdem nimmt er mir den Gruß nicht mehr ab. So als ob wir für ihn gestorben wären. Ich habe auch den Verdacht, daß er hinter den anonymen Briefen und Telefonanrufen steht, die wir immer wieder bekommen. Kann ein Bruder so sein? Wir waren fünf Jahre zusammen auf der Flucht, haben dann noch jahrelang zusammengehalten und einander geholfen, wo es notwendig war. Und jetzt läßt er es uns so spüren, daß wir einen Mörder in unserer Familie haben. Kann man das noch begreifen? In der Kirche sitzen wir immer in der gleichen Reihe. Ich, das muß ich zugeben, nicht jeden Sonntag, aber meistens. Er immer und *wie* fromm. Das paßt doch nicht zusammen. Wenn es eine Gerechtigkeit gibt auf der Welt – ich habe schon daran gezweifelt –, dann ist das doch nicht möglich. Wie kann einer so fromm sein und so gehässig. Wenn ich in die Kirche gehe, dann deshalb, um dort zu beten. Und damit ich ein klein wenig für meine Kinder ein Vorbild sein kann. Meine Kinder sagen ja sonst: „Wenn der Vater nicht in die Kirche geht, warum sollen wir dann gehen?" Ich bin katholisch erzogen worden, und dazu gehört auch, daß man in die Kirche geht. Unsere Kleinste möchte sich heute auch schon manchmal drücken: „Oh, heute will ich ausschlafen!" Wenn ich dann sage: „Nein, der Papa geht auch", dann geht sie. Manchmal drücke ich auch ein Auge zu, aber die größeren Buben sind ja in der Katholischen Jugend. Da sehe ich nicht ein, daß sie am Sonntag die Kirche schwänzen.

Ich passe auch auf, daß wir wenigstens am Sonntagmorgen gemeinsam frühstücken. Unter der Woche ist das ja nicht möglich. Ich habe einmal Früh-, einmal Spätschicht. In der Frühschicht stehe ich schon vor 4.00 Uhr auf. Meine Frau steht auch auf und macht mir den Kaffee. Wenn alles gerichtet ist, geht sie wieder ins Bett. Um 6.00 Uhr macht sie dann das Frühstück für Dieter, um 7.00 Uhr richtet sie die Jüngste für die Schule. Ich habe schon oft zu meiner Frau gesagt: „Du kannst das Frühstück doch schon abends zuvor richten und liegenbleiben." Das will sie nicht. Oft habe ich sie schon weiterschlafen lassen und ganz schnell den Wecker ausgemacht. Dann bin ich heimlich aufgestanden. Wenn ich dann nachmittags heimgekommen bin, wurde ich gescholten: „Du willst mich bloß nicht beim Frühstück bei dir haben!" Das ist natürlich nicht ernst gemeint. Aber sie hat Angst, daß ich morgens zu wenig esse.

Aber wie kann ich über ein reichhaltiges oder mageres Frühstück sprechen, wo es doch um meinen Sohn geht. Ich frage mich jeden Tag, was man machen könnte. Mit der Zeit ist mir klargeworden, daß meinem Sohn nur noch ein Arzt helfen kann. Mit Geld kann man meinem Sohn nicht helfen. Als das passiert war, habe ich zu meiner Frau und den Kindern gesagt: „Ich würde manches geben, wenn man es rückgängig machen könnte." Für mich habe ich auch schon ernsthaft überlegt, ob wir das neue Haus wieder verkaufen sollten, um das Geld für einen guten Psychiater aufbringen zu können. Aber ich muß ja auch an die anderen Kinder denken. Daran halte ich mich fest. Darin sehe ich auch den Sinn meines Lebens. Ich habe noch kleinere Kinder, die mich brauchen. Und meine Frau braucht mich auch. Ich muß ehrlich sagen, ich habe schon oft andere Gedanken gehabt. Aber jetzt bin ich darauf gekommen: „Man muß für andere, nicht für sich leben. Aber einen Glauben braucht man dazu. Einen Glauben muß der Mensch haben." Wenn der Mensch keinen Glauben mehr hat, dann kann er auch nicht mehr leben.

Die Leute müssen wir halt schwätzen lassen

Eine Schwester des Täters

Als die Polizei am Freitagabend zu uns ins Haus gekommen ist, waren wir gleich verdattert. „Was ist jetzt schon wieder los?" Diese Frage haben wir uns sofort gestellt, denn immer, wenn etwas los war, haben wir gleich gedacht, da muß unser Bruder Peter dabei sein. „Die kleine Sabine hat man ermordet, wo ist Peter?" Diese beiden Sätze trafen mich wie ein Schlag. Ich habe das Mädchen gekannt, es war ein nettes kleines Ding. Ich glaube, wir alle haben sofort geahnt, das war unser Peter. Ahnen ist zu wenig. Ich habe das schon gewußt. Irgendwie. Die Polizeibeamten sind dann wieder weggegangen und haben mit dem Lautsprecherwagen die Personenbeschreibung unseres Bruders durchgegeben. Kurz darauf wurden meine Eltern zu einer ersten Vernehmung auf die Polizeiwache vorgeladen, wo die Mordkommission arbeitete. Nun saßen mein Bruder Heinz und ich alleine zu Hause. Unsere jüngste Schwester, die gerade fünf Jahre alt geworden war, war schon im Bett. Eigentlich hätten wir an diesem Abend noch Gruppenstunde gehabt. Da waren wir nicht mehr fähig, hinzugehen. Ich habe an diesem Abend nicht gewußt, was ich denken kann, was ich denken soll. Einerseits habe ich ganz genau gespürt, er war's, andererseits habe ich es nicht glauben wollen. Nach zwei Stunden sind die Eltern dann wieder heimgekommen. Sie haben nur gesagt: „Er war's!" und „er hat's zugegeben!" So eine Nacht habe ich noch nie erlebt. Wir sind alle in der Stube gesessen, mein älterer Bruder ist auch noch gekommen. Jeder hat sich selbst gefragt: „Wie kann das sein?", meist einfach vor sich hingefragt. Es war eine große Stille! Antworten haben wir nicht gefunden. Wir sind dann erst nach Mitternacht auseinandergegangen, still, jeder in sein Zimmer. Ich habe die ganze Nacht geweint. Ich glaube, meine Eltern und meine Geschwister auch. Am nächsten Morgen, als wir beim Frühstück saßen, habe ich zum Fenster hinausgeschaut. Man kann vom Frühstückstisch über das ganze Dorf hinwegsehen. Da hat für mich die ganze Umgebung, die ganze Welt, anders ausgesehen. Ich weiß nicht, was ich da gefühlt habe, auf jeden Fall habe ich gewußt, ich bin nicht mehr die gleiche. Ich war seelisch fertig. Mir ging immer durch den Kopf: der Peter ist ein Mörder, und ich bin die Schwester eines Mörders. „Wie geht das weiter? Wie guckt man da einen an?" Ich konnte nicht zum Arbeiten gehen. Ich nahm meinen ganzen Mut zusammen, um zum Marktleiter zu gehen und ihm alles zu sagen. Er hatte Verständnis für mich und sagte, ich solle halt für einen Tag zu Hause bleiben.

Am nächsten Abend hatten wir dann Gruppenleiterrunde bei der Katholischen Jugend. Da bin ich dann auch hingegangen. Irgendwie hatte ich das Gefühl, mich nicht vergraben, verstecken zu dürfen. Als ich dort hinkam und guten Abend sagte, fingen die an, sich mit mir ganz normal zu unterhalten, als ob gar nichts gewesen wäre. Keiner hat etwas gefragt. Erst als die Gruppenleiterrunde zu Ende war, sind wir doch – ich weiß nicht mehr wie – auf das Thema Peter gekommen. Es hat mir unheimlich gut getan, als die Ingrid sagte: „Da können wir auch nichts machen, das ist schlimm genug. Ich finde es jedenfalls gut, daß du trotzdem heute zu uns gekommen bist." Auch mein Bruder Erwin wurde wie ich weiterhin in der Katholischen Jugend akzeptiert, unsere Freunde dort haben uns nicht fallenlassen. Im Gegenteil. Immer haben sie uns Mut gemacht. Das hat uns weitergeholfen. Auch heute spüre ich immer wieder, daß diese Freunde in ihren Äußerungen über solche Verbrechen ganz vorsichtig sind. Sie wollen uns nicht wehtun.

Am Montag bin ich dann wieder zum Schaffen gegangen. Ich bin vorher schon gut mit meinen Arbeitskolleginnen ausgekommen. Und nachher auch. Nach außen hin wenigstens. Was sie innen drin gedacht haben, weiß ich ja nicht. Einige Tage später mußte ich mal ins Büro, um irgendeine Bescheinigung abzuholen. Als Herr Fuchs auf dem Formular den Namen meines Heimatdorfes las, meinte er: „Das ist ja das Klein-Chikago, kennst du den Kerle?!" Ich habe im ersten Moment gar nicht gewußt, was ich da antworten sollte. Soll ich dem da sagen, daß das mein eigener Bruder ist?! Als er dann fragte, wie er denn ausgesehen habe und ob ich ihn kenne, war ich irgendwie erleichtert. Ich habe ihm dann eben geschildert, wie er ausgesehen hat, bin noch ein wenig so dagestanden und ging dann wieder in die Verkaufsräume. Eine Kollegin hat dieses Gespräch offensichtlich mitgehört. Sie hat dem Herrn Fuchs, nachdem ich aus dem Büro weggegangen war, vorgehalten: „Was hast du da wieder angerichtet. Das ist doch ihr Bruder, der Mörder!" Daraufhin ist Herr Fuchs heruntergekommen in die Verkaufsräume und hat mich gesucht. „Ich habe das nicht gewußt, entschuldige bitte!" Das hat er – ich weiß nicht wie oft – gesagt. Er ist so lange einfach neben mir stehengeblieben, teils still, teils sich immer wieder entschuldigend, bis ich gesagt habe: „Ja, es ist schon gut!" Dann sagte er noch – das werde ich nie vergessen: „Da wirst du noch ein paar Mal angeekelt werden, aber von mir bestimmt nicht mehr." Als dann am Dienstag die Beerdigung der Sabine auf dem Friedhof des Nachbardorfes stattfand, habe ich zu mir und zu meinen Eltern gesagt: „Da gehst du hin!" Zuerst waren wir ja in der Kirche. Dort hat man gesungen und gebetet. Mitsingen konnte ich nicht. Ich habe nichts anderes denken können als: „Dieses Mädchen ist umgebracht worden, von meinem Bruder." Als ich nachher auf dem Friedhof die Gesichter der Angehörigen gesehen habe, haben sie mir leid getan. In die Augen der Angehörigen habe ich aber doch nicht schauen können. Ich habe mich geschämt. Mir standen die Tränen in den Augen.

Ich habe mich auch geschämt, während des Trauergottesdienstes zur Kommunion zu gehen. Ich habe es mir seit meiner Kindheit angewöhnt, jeweils nach der Beichte drei- bis viermal zur Kommunion zu gehen. Dann ist es aber schon viel. Die Beichte aber lag damals wohl schon einige Wochen zurück. Der Pfarrer hat sich bei der Beerdigung eigentlich völlig normal verhalten. Ich kann es aber bis heute nicht verstehen, daß er gar nie zu uns gekommen ist. Bis heute hat er nicht mit uns darüber gesprochen. Ich denke halt, daß ein Pfarrer in solch einer Situation helfen müßte. Wenn in einer Familie einer stirbt, dann kommt er ja auch. Damals haben wir alle das Gefühl gehabt, er hätte auch zu uns kommen müssen.

Wenige Monate danach habe ich meinen jetzigen Freund Erich kennengelernt. Anfangs habe ich mich nicht getraut, ihm von meinem Bruder zu erzählen. Als wir uns aber eine Woche kannten und an einem Samstagabend in eine Diskothek in der Nähe fuhren, habe ich das nicht mehr länger verheimlichen können. Ich dachte, es ist besser, es jetzt zu sagen und er läßt mich dann links liegen als erst später, wenn es für mich und für ihn dann viel schwerer wird. An diesem Abend habe ich es ihm dann gesagt. Ich habe, glaube ich, so angefangen: „Bei uns ist doch ein kleines Mädchen umgebracht worden." Er hat gleich geantwortet: „Ja, ich weiß." „Und der Mörder, das ist mein Bruder!" Darauf hat er dann gar nichts mehr gesagt. Erst auf meine Frage, ob er das schon gewußt habe, sagte er ganz leise: „Gewußt nicht, aber gedacht." In seinem Dorf hat man natürlich auch von dieser Tat gesprochen und immer wieder den Nachnamen des Mörders genannt. „Ich hoffe, daß du nicht so bist!" Das hat er mir geantwortet, als ich ihn fragte, wie es jetzt aussehe mit uns. So sind wir dann zusammengeblieben. Vier Monate lang. Dann kam eine schlimme Zeit für uns beide. Schon lange hatte ich mir vorgenommen, es auch seinen Eltern zu sagen, bei denen ich oft zu Gast war. Ich habe die sehr gemocht. Vor allem mit der Mutter von Erich kam ich gut aus. Ihr wollte ich es auch zuerst sagen. Jedesmal habe ich es wieder hinausgeschoben. „Ach was, beim nächsten Mal." Eines Tages wollte es Erich auch nicht mehr länger verheimlichen. Er hat es seinen Eltern gesagt. Die haben dann so reagiert, wie ich vielleicht auch reagieren würde. „Dann hat das ja keinen Wert, wie wird man da angeguckt?" Sie haben all das gesagt, was man in solch einer Situation so sagt. Als ich am nächsten Abend wieder hinkam, hat Erich bereits vor dem Haus auf mich gewartet. Das hatte er bisher nie getan. Wir wollten auf den Trimm-dich-Pfad gehen. Als wir während des Laufens über alles mögliche sprachen – auch über irgendeine belanglose Kleinigkeit –, sagte er plötzlich zu mir: „Mensch, du hast Sorgen!" „Warum, hast du mehr?" Da hatte ich sofort das Gefühl, irgend etwas stimmt nicht –. Jetzt haben es sicher seine Eltern erfahren. Da wir aber auf dem Trimm-dich-Pfad nicht alleine waren, gab Erich auf meine Gegenfrage keine richtige Antwort. Er sagte nur: „Jetzt nicht!"

Wir sind dann in die nächstgelegene Stadt gefahren und dort im Auto erstmal sitzen geblieben. Dort fing er plötzlich an zu weinen. Mitten in der Stadt – dachte ich – kann man ja nicht stehenbleiben. Deshalb fuhr ich in den nächsten Wald. Dort blieben wir auf einem Waldweg stehen. Dann hat er es mir gesagt. Anfangs habe ich gar nichts herausgebracht. Ich habe gar nichts empfunden. Es war wie eine Leere. Dann hat es eingeschlagen. Dann ist es bei mir auch losgegangen. Vier Monate ist schon eine lange Zeit mit einem Freund. Für mich war und ist diese Beziehung schon etwas ganz Großes. Das steht bei mir an allererster Stelle. Das war damals schon so. Als das damals mit meinem Bruder Peter passiert war, hätte ich nie gedacht, daß ich jemals eine Beziehung zu einem Mann überhaupt aufnehmen dürfte und könnte. Ich habe immer gedacht: „Da wirst du dann abgestoßen!" Irgendwie habe ich mich dann wieder zusammengenommen und den Vorschlag gemacht, selbst einmal mit seinen Eltern zu sprechen. Aber das hat er auch nicht gewollt: „Das hat keinen Wert, die lassen da nicht mit sich reden!" Als ich ihn dann vor seinem Elternhaus aussteigen ließ, verabschiedete ich mich: „Es wird schon alles wieder gut!" Das habe ich gespürt, daß es irgendwie doch klappen müßte. Und ich habe auch alles getan, damit es klappt. In dieser Nacht war ich auch wieder fertig. Am nächsten Morgen hatte ich bei der Arbeit ständig ein Brett vor dem Kopf. Was da wohl meine Kundinnen über mich gedacht haben? Ich wollte nicht glauben, daß alles zu Ende ist. Morgens beim Frühstück schon hatte meine Mutter bereits gemerkt, daß mit mir etwas nicht stimmte. Ich weiß nicht, aber irgendwie spürt sie das immer sofort. Sie nahm mich in den Arm und wollte mich trösten. Sie riet mir, doch selbst mit den Eltern meines Freundes zu sprechen. Sie selber wollte sogar hingehen. Das habe ich aber abgelehnt. Das hätte ja so ausgesehen, als ob ich einen Boten schickte, als ob ich mich selbst nicht traute. Zwei Tage später – ich stand gerade unter der Dusche – rief Erich bei uns zu Hause an: „Edith, es muß aus sein!" Dann legte er auf. Ich habe mich angezogen, bin ins Auto und bin zu meinem Freund gefahren. Er war alleine zu Hause. Ich bin ins Haus gegangen und habe nur gesagt: „Das darf nicht sein, das kann nicht sein!" Er war so fertig, seine Eltern haben so auf ihn eingeredet, daß er keinen Ausweg mehr wußte. „Ich spreche mit ihnen, wenn sie kommen!" Bis um Mitternacht haben wir gewartet. Dann haben wir eingesehen, daß es nicht gut wäre, mitten in der Nacht, wenn die Eltern von einem Fest nach Hause kommen, mit dieser Aussprache anzufangen. Ich glaube, Erich war froh, daß seine Eltern an diesem Abend erst so spät nach Hause gekommen sind. Am nächsten Tag, es war ein Sonntag, hatte die Großmutter meines Freundes Geburtstag. Als ich nachmittags hinkam, war die Geburtstagsfeier voll im Gange. Ich faßte meinen ganzen Mut zusammen, gratulierte der Oma und sagte zur Mutter meines Freundes: „Darf ich mit Ihnen reden?" In diesem Moment kam Erich dazu. Er hat so verzweifelt ausgesehen, daß ich gedacht habe: „Jetzt mußt du ihn erst einmal in den Arm nehmen."

Die Mutter hat dazu gelächelt, ganz kurz. Da habe ich zum erstenmal wieder Hoffnung gehabt. Wir haben uns ins Wohnzimmer gesetzt und haben über zwei Stunden miteinander gesprochen. Ich habe ihr alles erzählt. Sie hat auch viel über meinen Bruder wissen wollen. Erich kam auch hin und wieder herein, bediente aber sonst die Geburtstagsgäste. Später kam auch Erichs Vater hinzu: „Wir wollen ja nur das Beste für unseren Jungen!" Ich habe nicht locker gelassen, wollte einfach nicht locker lassen. Dann haben sie es eingesehen: „Das muß der Erich schließlich selbst entscheiden!" So ist es wieder gut geworden. Lang hat Erich an diesem Nachmittag gar nichts gesagt. Erst als er abends zur Molkerei gehen mußte – wie jeden Abend –, nahm er mich an die Hand: „Gehst du mit?" Da habe ich gewußt, jetzt ist es wieder gut! Mein Herz hat einen Freudensprung getan.

Vom nächsten Telefonhäuschen aus habe ich meine

Mutter angerufen: „Es ist wieder alles in Butter!" Ich war gottfroh.

Viel beten tu ich eigentlich nicht. Ich geh wohl jeden Sonntag in die Kirche. Aber für mich selbst – zu Hause – bete ich sehr selten. Damals aber – als es fast ausging mit meinem Freund –, da habe ich viel gebetet. Aber immer nur: „Gott, hilf mir, daß es wieder ins reine kommt!" Ein richtiges Gebet habe ich eigentlich nie gefunden. Die Beziehung zwischen meinem Freund und mir ist nicht so eine Beziehung wie jede andere – ich meine zwischen Mann und Frau. Das ist irgendwie mehr, sie ist für mich eine richtige Stütze. Nach der Gerichtsverhandlung, als alles wieder in der Zeitung stand, alles wieder uns ganz frisch vor Augen stand, da hat sich diese Liebe zwischen uns wieder neu bewährt. Ich habe ihm nicht gesagt, daß diese Gerichtsverhandlung stattfindet. Er hatte gerade seine schriftliche Gesellenprüfung in diesen Tagen. Da habe ich ihm nichts sagen wollen. Das war vielleicht nicht richtig. Aber ich wollte nicht, daß er während der Prüfung dauernd an diese Gerichtsverhandlung denkt. Das war ein Fehler. Denn für seine Eltern ist das wie ein Schlag gekommen. Bereits am nächsten Tag kam in der Zeitung ein großer Bericht über den ersten Verhandlungstag. Das hätte ich nie gedacht. Ich hatte gehofft, Zeit genug zu haben, um meinem Freund und seinen Eltern zu berichten, wie die Gerichtsverhandlung verlaufen ist. In diesen Tagen – so fühlte ich ganz deutlich – stand wieder alles auf der Kippe. Ob es richtig war, weiß ich heute noch nicht. Ausschlaggebend war eine Äußerung meiner Freundin, die irgendwo gehört hat: „Geht denn der mit diesem Mädchen?" Jedenfalls bot ich eines Abends Erich an, die Beziehung mit mir zu beenden. „Du wirst ja auch krumm angeschaut, du bist ja auch geplagt!" Das hat er nicht gewollt. Ich hatte ja nichts mehr erhofft als diese Reaktion. Er sagte nur:

„Die Leute müssen wir halt schwätzen lassen!" Wie wenn er – ich weiß nicht wie lange – auch schon mit diesem Ballast leben müßte wie ich. Erich hat mir damit sehr geholfen. Ich möchte ihn nicht mehr verlieren.

Und wir bleiben auch zusammen. Das habe ich an diesem Abend auch gleich wissen wollen. So wurde aus einem Unglücksabend, den ich befürchtet habe, einer der schönsten Abende meines bisherigen Lebens.

Willst du bei uns Pate machen?

Ein Schwager des Täters

Als sich unser Kind ankündigte, hatten wir sofort die Idee, daß Peter Pate sein könnte. Uns war immer klar, daß man so ein Amt nicht jedem gibt. Da aber die Entlassung Peters aus dem Gefängnis unmittelbar bevorstand, dachten wir, wir könnten auch unseren Beitrag leisten, daß er sich wieder zurechtfindet. Ich habe zu meiner Frau, die ja die Schwester des Peter ist, gesagt: „Lassen wir ihn das machen, damit er weiß, daß er auch noch dazugehört!"

Peter war gleich Feuer und Flamme, als er von unseren Plänen in einem Brief erfahren hat. Als dann unser Christian geboren war und die Taufe stattfinden sollte, mußten wir die Taufe extra hinauszögern, weil Peter noch nicht aus dem Gefängnis entlassen war. Als dann die Taufe war, war es das erste Mal, daß er wieder unter die Leute kam. Niemand hat eine Andeutung gemacht. Alle haben auch stillschweigend akzeptiert, daß er Pate ist. Auch meine Verwandten haben keinen Ton gesagt. Was sie allerdings gedacht haben, weiß ich nicht. Wir haben uns jedenfalls gedacht: „Wenn wir so lange fortgewesen wären und dann gleich mit solch einem Amt begrüßt würden, das würde uns auch helfen, uns wieder zu Hause zu fühlen." Unser Christian ist dann auch nie zu kurz gekommen. Peter hatte ja nie Geld. Er hat ihm aber immer etwas geschenkt, zum Geburtstag, zu Weihnachten, Ostern, zu allen möglichen Gelegenheiten. Wenn wir miteinander fort waren, gab es immer ein Eis oder eine Bluna für Christian. Er war auch immer da. Er konnte stundenlang hier bei uns mit Christian spielen. Christian konnte ihn kratzen und zwicken so oft und so fest er wollte. Peter hat da nie etwas gesagt. Bei uns hat er auch nie getrunken. Ich habe ihn überhaupt nur einmal betrunken gesehen. Aber, daß er unheimlich trinken konnte und auch getrunken hat, das weiß ich schon. Das ist ja gerade das, was ich nicht verstehen kann. Peter konnte so normal, so lustig und froh, so kameradschaftlich sein, wie seine Brüder. Da hätte keiner gedacht, daß er so etwas machen könnte. Ich habe einmal einen Brief von Peter an meine Schwester gelesen, die beiden haben einmal ein wenig miteinander angebändelt, da habe ich auch denken müssen: „Daß der Peter so lieb schreiben kann!" Das war die liebe Seite von Peter. Und so hätte er ja auch leben können. Peter wäre heute sicher ein glücklicher Familienvater so wie ich. Wenn nicht die andere Seite wäre. Unter dieser anderen Seite haben die Familie und die Angehörigen mehr zu leiden als der Peter selbst. Schon im ersten Fall. Er war im Gefängnis, unter Gleichgesinnten, weit weg vom Dorf, wo alles passiert war. Seine Eltern aber mußten ihr Haus verkaufen, weil sie in dieser Nachbarschaft nicht mehr leben konnten. Seine Brüder mußten beim Neubau helfen, nach der Arbeit, Tag und Nacht. Davon hat Peter nichts bemerkt. Er hat immer nur geschrieben: „Schickt mir Zigaretten und das und das!" Daß aber seine Eltern jeden Pfennig rumdrehen mußten, um das neue Haus überhaupt finanzieren zu können, davon hatte er keine Ahnung. Aber seine Mutter hat es ihm einmal geschrieben. Dann wurde es besser.

Und so ist es auch heute. Peter ist weit fort. Ich glaube kaum, daß er im Gefängnis groß auf seinen Fall angesprochen wird, jedenfalls wird er wohl von Leuten, die selbst was auf dem Kerbholz haben, nicht schräg angeguckt werden. Wir aber, vor allem die Eltern und Geschwister, die im Dorf wohnen, müssen uns ein Leben lang schräg angukken lassen. Nicht von allen – ganz bestimmt nicht.

Eigentlich tun mir meine Schwiegereltern und mein Schwager mehr leid. Ich habe oft miterlebt, wie sie sich vor dem Besuch eines Festes gefragt haben: „Sollen wir hin, können wir hin, zeigen sie mit dem Finger auf uns?" Irgendwie tuscheln die Leute ja doch: „Das sind jetzt die Eltern von dem Peter, der hat das und jenes gemacht!" oder: „Das ist der Bruder!" Peter hat das gemacht, er muß dafür auch hinstehen, das hat er vorher schon wissen müssen. Aber die anderen, die haben doch nichts getan und müssen doch noch viel mehr leiden. Ich glaube, der Peter weiß gar nicht, was seine Eltern und seine Geschwister haben durchmachen müssen und heute noch durchmachen.

Für mich selbst ist das größte Problem: „Wie sage ich meinem Kind, daß sein Pate, den er so arg mag und der ihm so oft etwas geschenkt hat, nicht mehr da ist, auch nicht mehr kommen wird?" „Wann kommt der Götte mal wieder?" so hat unser Kind am Anfang oft gefragt. „Ja der ist weit fort, der kann jetzt nicht auf Besuch kommen!" so habe ich geantwortet. Heute weiß Christian noch nichts. Aber, wenn er in die Schule kommt oder zur Erstkommunion, da braucht er doch seinen Paten. Wie sieht das aus, wenn andere Kinder ihren Paten dabei haben, unser Kind aber nicht? Meine Frau sagt dann immer auf solche Fragen: „Das sehen wir dann, vielleicht können wir es ihm erklären, dann!" Ich kann ja nicht zu meinem Bub sagen: „Guck mal, Christian, dein Pate sitzt im Knast!" Für meinen Bub ist der Pate schon wichtig. Jedesmal wenn wir an der Diskothek vorbeifahren, in der Peter aus und ein gegangen ist und die er unserem Kind einmal gezeigt hat, sagt Christian: „Guck, da geht der Götte auf den Tanz!" Kürzlich war die jüngste Schwester von Peter bei uns zu Besuch. Drunten im Sandkasten haben sie offensichtlich über Peter gesprochen. Abends hat mich nämlich Christian gefragt, als ich ihn ins Bett brachte: „Papa, ist der

Götte im Knast? Was ist Knast?" Ich habe bloß gesagt: „Gefängnis!" Mehr konnte ich in diesem Moment nicht sagen. Aber das reicht auf Dauer gesehen ja nicht aus.

Nun gebt euch ein Zeichen des Friedens

Der Ortspfarrer

Als Pfarrer von zwei kleinen Dorfgemeinden steht man mitten drin. Jeder kennt jeden und weiß um seine Stärken und Schwächen. Der eine gehört in dieses Lager, der andere zu jener Clique. Die einen vertragen sich gut, die anderen können sich nicht in die Augen schauen. So ist es auch in unserem Dorf. Da gibt es Streit wegen des Fischwassers. Oder wegen des Baues einer Schweinemastanlage in Wohngebietsnähe. Oder weil der eine jenen Bürgermeisterkandidaten gewählt hat, der andere dessen Konkurrenten. In einer größeren Stadt läuft das ja alles viel anonymer ab. Bei uns geht's gleich ans „Eingemachte". Dafür kommen die Gläubigen bei uns auf dem Dorf noch regelmäßiger zum Sonntagsgottesdienst. Da sind dann alle zusammen, unter einem Dach. Aber was soll ich da von Versöhnung predigen. Die schaffen das nicht. Ich getrau mich auch nicht, beim Friedensgruß in der Eucharistiefeier die Gemeinde aufzufordern: „Nun gebt euch ein Zeichen des Friedens!" Ich kenne noch nicht einmal den genauen Text dieser liturgischen Handlung. Weil unsere Gemeinde dazu einfach nicht reif ist. Ich gebe ja nicht nur die Hand, damit sie geschüttelt ist, sondern ich muß ja dahinterstehen.

Wenn es in unseren Dörfern so aussieht, dann kann man sich ja denken, was los war, als die Sabine ermordet worden ist. Es war für unser Dorf und für das Nachbardorf ein regelrechter Schock. Mir ging immer durch den Kopf: „Mensch, wer war das? Ein Auswärtiger, ein Einheimischer? Hoffentlich erwischt den die Polizei bald!" Ich habe auch gleich an den Peter denken müssen. „Aber der wird doch nicht so dumm sein und so etwas machen!" Den Peter kannte ich ja schon seit seiner Grundschulzeit. Er war bei mir im Religionsunterricht. Wir Lehrer waren uns da einig: „Da haben wir es mit einem Buben zu tun, der über das Maß hinaus aus dem Rahmen fällt!" Vor allem in den letzten beiden Schuljahren war er recht schwierig. Diese Schwierigkeiten hat er auch in die Katholische Jugend hineingetragen. Da kam es vor, daß er während der Gruppenstunde einfach gesagt hat: „Kommt, wir gehen jetzt in die ‚Traube' und trinken ein Bier." Dann ist er gegangen und hat auch noch andere mitgeschleppt. Das hat mir gar nicht gefallen. Ich habe da auch meine Verantwortung für die katholische Jugendgruppe allgemein gespürt. Das konnte ich nicht länger mitansehen. Eines Abends habe ich die Leiterrunde der KJG zusammengerufen, um dieses Problem zu besprechen. Ich habe meine Vorstellung gesagt.

Ich habe auch deutlich gemacht, daß dieses Problem überhaupt mein größtes Problem in meiner ganzen bisherigen Jugendpastoral war. Ich sah auf der einen Seite, daß es so nicht mehr weitergehen konnte, hatte aber auf der anderen Seite große Scheu, darüber in der Leiterrunde überhaupt zu reden, weil ich nicht wußte, wie die anderen Jugendlichen reagieren würden. Wird das Gespräch unter uns bleiben, wie wird ein Hinauswurf von der Gemeinde aufgenommen? Die Jugendlichen haben sich ganz entschieden dafür eingesetzt, daß der Peter in der Katholischen Jugend bleiben darf, gerade wegen seiner Schwierigkeiten. Sie sagten: „Wir müssen auch einen schwierigen Menschen mittragen können!" So haben wir uns dann geeinigt, daß wir es vorerst noch ein Jahr lang probieren. Als dann der erste Fall mit dieser jungen Frau passiert war und Peter zum ersten Mal ins Gefängnis kam, war er schon nicht mehr bei der Katholischen Jugend. Kurz zuvor ist er einfach von sich aus weggeblieben. Wir hatten uns schon fast durchgerungen, ihn zu bitten, nicht mehr zu den Gruppenstunden zu kommen. Wir waren damals richtig froh, daß wir es ihm nicht ins Gesicht sagen mußten. Es ist ja schon ein Unterschied, ob ich mal jemanden zurechtweisen muß, weil er irgend etwas angestellt hat, oder ob ich als Pfarrer einem jungen Menschen auch noch so verschlüsselt sagen muß: „Hör zu, dich können wir bei uns nicht mehr brauchen!" Er war von alleine weggeblieben. So konnten die Leute nach der ersten Tat auch nicht sagen: „Schau, das ist einer von der Katholischen Jugend." Auf die Katholische Jugend schauen die Leute ja viel mehr als auf andere Jugendabteilungen irgendwelcher Vereine.

Während der Haftzeit hatte ich keinen Kontakt mit Peter. Ich habe auch keinen gesucht. Das Verhältnis zwischen Peter und mir war ja seit der Schulzeit gespannt. Auch von mir aus. Ich will auch zugeben, daß ich ihn manchmal hart angefaßt habe. Damals kam es schon noch vor – das war auch durchaus üblich –, daß ein Schüler einmal eine Ohrfeige bekam, wenn er besonders frech war. Das ist dem Peter öfters passiert. Nach der Haftentlassung haben wir uns gegrüßt, haben vielleicht auch einmal zwei Sätze miteinander gewechselt. Ich habe nicht gewußt, was ich mit ihm anfangen soll. Es war auch eine gewisse Feigheit, die mich davon abgehalten hat, den ersten Schritt auf ihn zu zu machen. Ich habe ja gewußt, daß die Stimmung im Dorf gegen ihn gerichtet war. So habe ich mich einfach darauf verlassen, daß wohl vom Gefängnis aus eine Art Nachbetreuung veranlaßt worden ist.

Ein Ortspfarrer hat's ja ungleich schwerer. Heute muß ich eingestehen: „Ich habe mich schon zu einem Teil gedrückt!" Vielleicht hätte ich mich über alle Grenzen hinwegsetzen müssen. Einfach auf ihn zugehen. Aber, wenn man älter wird, kennt man seine eigenen Grenzen eben besser. Und auch die Grenzen von anderen. Wir haben uns hier im Dorf aber ehrlich gefreut, als wir merkten, daß der Peter sich nach der ersten Haftentlassung mächtig anstrengt. Er ist über seinen Schatten gesprungen, anfangs, hat mit den Leuten geschwätzt, hat gearbeitet, hat sich angepaßt. Aber, wenn er dann in der Wirtschaft war und einen getrunken hatte, hat er wieder mit seiner Großmauligkeit alle Chancen vertan, die ihm die Leute gegeben hatten. Es ging wieder bergab, unaufhörlich. Niemand konnte es aufhalten.

So war das zweite Verbrechen passiert. Peter war's. Die Auffassung im Dorf war eindeutig. Da waren sich ausnahmsweise alle einmal einig: „So einer gehört aufgehängt, Rübe ab!"

Das war das erste Mal, daß ich mich und die ganze Gemeinde radikal unter das Kreuz gestellt habe. An der Seelenmesse war die ganze Gemeinde in der Kirche versammelt. Auch die Familie des Peters stand hinten links. Ich sehe es noch genau vor mir. Die trauernden Hinterbliebenen standen in den ersten Reihen. Die Spannung, die in der Kirche lag, die ich auch in mir selbst zum Zerreißen nahe spürte, war ungeheuer. Ich konnte vor dem Gottesdienst keinen schriftlichen Text formulieren. Ich habe mir gedacht, ich muß das so sagen, wie ich es in meinem Glauben in dieser Situation sagen kann. Aus mir heraus muß es kommen. So stand ich vor der Gemeinde. Ich habe mich unter den Geist Gottes gestellt und inständig gebetet: „Jetzt, Gott, guck, daß ich das Richtige tue!" Das war schon ein wenig unverschämt, meinem Gott gegenüber. Mir war nur klar, daß ich etwas sagen mußte, was den Hinterbliebenen und den Verwandten des Täters und was der ganzen Gemeinde half. Da habe ich auf unser wunderschönes Kreuz gezeigt und gesagt: „Hier unter diesem Kreuz haben wir uns versammelt, nicht um zu verurteilen, sondern um zu beten, um den ewigen Frieden der Sabine.

Lassen wir alles beiseite, was uns hindern könnte, für das verstorbene Kind zu beten. Legen wir alles in die Hände dessen, der die Last des Kreuzes für alle, für Sabine und für ihren Mörder getragen hat.“ Das waren meine Worte. Als ich dann das Schuldbekenntnis mit den Worten einleitete: „Wir sind alle Sünder!“, da hat es wieder geradezu geknistert in der Kirche, vor Spannung. Draußen auf dem Friedhof waren dann auch sehr viele Kinder da. Es waren die Mitschülerinnen der Sabine.

Da schoß es mir durch den Kopf: „Wie kannst du so etwas zulassen, Gott, so ein junges Leben einfach abberufen.“

Nach der Beerdigung ist keine Kritik gekommen; aber auch kein Lob. Es wird also recht gewesen sein, wie ich es gemacht habe.

Zur Familie des Peter habe ich nicht mehr Kontakt als wie zu den anderen Familien unserer Gemeinde. Das halte ich bewußt so. Anfangs – als noch das halbe Dorf aufgepaßt hat, wer jetzt bei dieser Familie aus und ein geht –, habe ich gedacht: „Nicht, daß die meinen: wir sind jetzt die Schlimmen, zu uns kommt alle paar Tage der Pfarrer!“ Ich wollte so normal wie möglich mit ihnen umgehen. Allerdings bin ich den Geschwistern des Peter, die auch in der katholischen Jugend waren, regelrecht nachgelaufen, daß sie ja drin bleiben. „Kommt ja wieder zu uns!“ Das war meine Geste, um der Familie zu zeigen, wo ich stehe.

Leider ist es mir auch nicht gelungen, in all den Jahren mit der Familie der Sabine ein tiefes, seelsorgerliches Gespräch zu führen. Allerdings habe ich ja gewußt, daß diese Familie sehr enge Kontakte zu einem nahe gelegenen Kloster hat. Wenn ich in dieser Richtung immer wieder einmal Andeutungen machte, bekam ich auch von der Familie der Sabine signalisiert, daß sie von daher Hilfe erfahren haben.

Einsamkeit

Mit einem Lächeln kennen mich alle,
gute Laune und Witze mache ich für euch,
Keiner sah, wie ich wirklich war.
Meine Gefühle, Ängste und Sorgen konnte ich keinem sagen,
ich hatte es nie gelernt, darüber zu reden.
Ich wurde anerkannt, hatte aber keine Freunde,
Ich war immer mittendrin und doch immer allein.

Peter

Der hat auch nicht mehr gesoffen als wir

Ein Kumpel des Täters

Wenn wir früher miteinander fortgegangen sind – so mit 15 –, haben alle etwa gleichviel getrunken. So fünf Bier und dazu noch Kognak haben wir da schon am Abend hinter die Binde gegossen. Angestochen war danach natürlich jeder von uns. Das ganze hat sich immer in der ‚Forelle' im Nachbardorf abgespielt. Wir haben eines Tages die Mädchen der dortigen Musikkapelle kennengelernt und sie ab damals regelmäßig nach den Musikproben zweimal in der Woche besucht. Wir haben immer in der ‚Forelle' gewartet, bis die Musikprobe zu Ende war. Dabei haben wir gewürfelt oder Karten gespielt – immer um Runden. Wer verloren hat, mußte zahlen. So bekam eigentlich jeder gleichviel zum Trinken. Nur beim Bezahlen gab's Unterschiede. Manchmal, wenn man oft verloren hat, konnte so ein Abend auch mal 100,– DM kosten. Es ging ja jedesmal um eine Runde Kognak, die glatt 10,– DM kostete. Beim Peter hat's aber immer mit dem Geld gehapert. Der mußte ja unheimlich viel zu Hause abgeben. Seine Eltern haben ihr Haus umgebaut und wohl große Schulden gemacht. Die mußten ja abbezahlt werden. Mehr als 200,– DM im Monat hatte der Peter nie zum Verputzen. Und das hat ja nirgends hingelangt. Wenn ich mir überlege, was ich damals gebraucht habe. Ich habe wohl auch nur 380,– DM Lohn als Lehrling bekommen; aber wenn ich zu meinen Eltern gekommen bin und gesagt habe: „Ich sollte noch einen Hunderter haben!", dann habe ich den bekommen. Da ist beim Peter nichts gelaufen. Der mußte ausleihen, von allen. Das hat ihm aber mächtig gestunken. Wir waren eine ganz schöne Clique. So acht bis zehn Mann, und dann noch die Frauen dazu. Wir saßen immer zusammen an einem Tisch und waren als zusammengehörende Clique bestens bekannt. Schwierigkeiten mit dem Wirt haben wir keine gehabt. Wir sind dann ja bald auch 16 geworden. Aber leicht angeheitert waren wir immer, als wir den Rückmarsch in unser Heimatdorf angetreten haben. Das hat dann oft noch 2 Stunden gedauert, bis wir die acht bis zehn Kilometer heimgelaufen waren. Da war der Alkohol verflogen, bis wir zu Hause ankamen. Einmal hatte ich mit dem Peter eine Schlägerei. So eine halbe Stunde haben wir uns schon verprügelt. Aber dann war's rum, und wir haben uns wieder verstanden. Aggressiv war der Peter eigentlich nie. Da habe ich mich schwer gewundert, als die Sachverständigen bei der Gerichtsverhandlung das behauptet haben. Der Peter war wie wir alle. Wenn wir getrunken haben, waren wir laut und fröhlich. Und wenn wir zusammen waren, haben wir getrunken. Das wurde erst besser, als jeder nach und nach ein Mädchen so richtig kennenlernte. Aber da saß der Peter ja schon im Gefängnis. Da war er nicht mehr bei der Clique. Wenn ich ganz ehrlich sagen soll, was ich mir nach dem ersten Fall gedacht habe, dann erinnere ich mich daran, daß das mir schon gestunken hat. Ich meine, so etwas macht man halt nicht. Aber andererseits: Jeder macht mal nen Scheiß! Ich hab mir vorgenommen: Wenn er wieder herauskommt, dann guck ich, daß ich ihm als Kumpel ein wenig unter die Arme greife! Und ich habe mich auch immer gefreut, wenn er in Urlaub gekommen ist. Anfangs ging's mit dem Alkohol. Als er aber drei- bis viermal mal da war, da hat er schon ganz anders Bier trinken können als früher. Da war er manchmal voll. Wieviel er da getrunken hat, weiß ich nicht mehr. Aber ich denke, wenn er im Gefängnis praktisch keinen Alkohol bekommen hat und deshalb auch nichts mehr vertragen konnte, hat er ja nicht soviel trinken brauchen, bis er voll war. Als er dann seine Gefängnisstrafe abgesessen hatte, nahm ich ihn immer mit. Ich habe damals schon ein Auto gehabt. Nach ein oder zwei Monaten hat er dann aber seine erste Freundin kennengelernt. Als es da einmal spät geworden ist, hat er zu seinem Mädchen gesagt: „So, heute schläfst du bei mir zu Hause!" Als das seine Eltern am nächsten Morgen entdeckt haben, war Heu genug runter. Seine Eltern haben alles getan, damit diese Verbindung wieder auseinanderging. Eines Tages habe ich ihn getroffen, da war er gerade aus dem Krankenhaus gekommen. Er hatte wegen dieses Mädchens in einer Diskothek so viel getrunken, daß man ihm den Magen auspumpen mußte, im Krankenhaus. Es war überhaupt immer so: wenn Peter eine Freundin hatte, konnte man in der Clique nichts mit ihm anfangen. Da war der Alkohol tabu. Wenn dann die Freundschaft mit einem Mädchen zu Ende war, ließ er in den Diskotheken die Baccardi-Rum- oder Whisky-Flaschen nur so auffahren. So eine Whisky-Flasche kostete damals immerhin schon ihre 80 bis

90,– DM. Aber da kam's ihm nicht darauf an. So kam es auch dazu, daß er eines Tages betrunken an seiner Arbeitsstelle erschien und sich prompt mit der Bandsäge in den Finger sägte. Das war während des Faschings. Er wurde entlassen, bekam aber noch einen Monatslohn ausbezahlt. Da hat er sich erstmals ein goldenes Feuerzeug gekauft, für rund 100,– DM. Da hat er schon etwas aus sich gemacht. Ich habe ihm dann bei der Suche nach einem neuen Job geholfen. Wir haben tatsächlich Glück gehabt, das hat relativ schnell geklappt. Und dann hat er auch bald darauf die Erika kennengelernt. Plötzlich hat Peter keinen Tropfen mehr getrunken. Im Gegenteil; ich habe mich ihm angeschlossen: „In Ordnung, trinken wir nichts mehr!" So haben wir es ausgemacht.

Wir kauften uns jeder ein Rennrad und fuhren die größten Touren miteinander. Wir hatten damals unsere sportliche Zeit. Und das war schön. Ich erinnere mich noch heute gerne daran. Ewig hat das aber auch nicht angehalten. Ich habe ihn mit der Zeit aus dem Auge verloren. Ab und zu habe ich ihn mit seiner Freundin gesehen. Erst an jenem Samstagnachmittag, als er den Autounfall hatte, kamen wir uns wieder näher. Ich habe ihn am Unfallort gesehen, er sah schlimm aus. Eine gemeinsame Bekannte kam zu mir ins Freibad gerannt und sagte: „Du, dem Peter ist etwas passiert! Dort an der Kreuzung hat er einen Unfall gehabt!" Ich habe zuerst gedacht: „Jetzt kann der nicht einmal mehr Fahrrad fahren!" Daß er sich ein Auto unter die Nägel gerissen hat, hätte ich nie vermutet. Meinem Kumpel, dem das Auto gehört hat, hat das natürlich wahnsinnig gestunken. Nach dem Unfall war Peter eigentlich wieder ganz normal – ich meine, was seinen Alkoholkonsum betrifft.

Als es dann mit seiner Erika zu Ende gegangen ist, hat er das Zeug nur so hinuntergeleert: Bier, Wein, Schnaps! Das war nimmer feierlich. Das hat ihm das Genick gebrochen. Er hat nach der Devise gelebt, die damals für uns alle maßgebend war: „Wenn man keine Frau hat, geht man fort und trinkt einen!" Man kann auch dazu sagen: „Man hängt den großen Mann raus!" In einer Clique läuft es halt so: Der eine sagt: „Heute!" Der andere sagt: „Heute könnte man!" Und der dritte sagt: „Heute könnte man würfeln!" Ein Wort gibt das andere. Und wenn wir einmal angefangen haben zu würfeln, dann war eine 3-Liter-Flasche Asbach leer. Als dann das mit dem Mord passiert war, habe ich gedacht: „Du Simpel, du hast doch alles gehabt, was man zum Leben braucht!"

Lieb mich ein letztes Mal

Die frühere Freundin des Täters

Den Peter habe ich in einer Diskothek kennengelernt. Er ist mir aufgefallen, weil er so lustig war. Das hat mir gefallen. Wir haben uns auch bald regelmäßig getroffen; irgendwann habe ich dann gemerkt, daß Peter ein anhänglicher Mensch ist, daß er Spaß machen kann; ein Typ für mich. Da habe ich mich in ihn verknallt. Eines Abends hat er mich angerufen und mich in sein Dorf eingeladen. Er hatte ja keinen Führerschein, kein Auto, kein Garnichts. Ich bin damals hingefahren – ich hatte schon ein Auto – und dann gingen wir miteinander. Große Sätze haben wir nicht machen können, wir gingen viel spazieren, aßen ein Eis oder setzten uns ins Kino. Er hatte kaum Geld, und ich besaß ein Auto und mußte mein ganzes Geld da reinstekken. Wir gingen noch keine vier Wochen miteinander, da kam er und beichtete mir einige Automatenaufbrüche, die er mit seinen Kumpels gemacht habe. Das riß mich beinahe vom Stuhl. Er tröstete mich mit der Einschränkung, er sei nur Schmiere gestanden. Ich habe mir gedacht: „O. K., wenn das so ist und er sich bessert, dann halte ich trotzdem zu ihm!" Ich hatte zuvor schon von seiner Vergangenheit gewußt. Längst nicht alles, vor allem keine Einzelheiten.

Gewußt habe ich aber, daß er Schwierigkeiten mit dem Alkohol hat. Davon wollte ich ihn losbringen. Das habe ich mir ganz ernsthaft vorgenommen. Ich habe mir zum Ziel gesetzt: „Erstens: Weg mit dem Alkohol, zweitens: weg mit den Kumpels!" Da hat er einige gehabt, die regelrecht gesoffen haben. Das ist eigentlich am Anfang ganz gut gegangen. Er hat so gut wie keinen Alkohol getrunken, wenn ich dabei war. Erst später – viel später, als alles schon passiert war – habe ich von den Kumpels erfahren, daß er immer wieder nach seiner Verabschiedung von mir, zurück in die Wirtschaft gegangen ist, um dort noch einige Bier zu trinken. Das hat mich tief enttäuscht. Seine Eltern haben mir davon nie etwas gesagt. Heute sehe ich das ein. Sie haben einfach Angst gehabt, daß ich dann ihren Sohn auch im Stich lasse; wenn ich das erfahren würde.

Ich habe ihn wirklich geliebt. Oft bin ich abends im Bett gelegen und habe zu Gott gebetet: „Hilf, daß der Peter nicht mehr trinkt, hilf, daß er nicht mehr mit seinen Kumpels in die Wirtschaften geht!" Und es war ja nicht ohne Hoffnung. Aber als ich einmal mit meinem Bruder zwei Tage mit dem Motorrad unterwegs war, hat er sich sinnlos betrunken und einen Verkehrsunfall mit dem Auto eines Kumpels verursacht.

Als ich ihn damals im Krankenhaus besuchte, versprach er mir hoch und heilig, daß das nun wirklich sein letzter Blödsinn gewesen sei. Ich habe ihm geglaubt. Aber damals hat die Liebe schon ein wenig nachgelassen. An ihre Stelle ist mehr und mehr Mitleid getreten. Und mein Wille, ihm zu einem vernünftigen Leben zu verhelfen. Mein Vater hat gleich gesagt, als ich ihn bei mir zu Hause einmal vorgestellt habe: „So als Freund habe ich nichts dagegen, aber als Schwiegersohn ist nichts drin!" Peter ist sonst mit meinen Leuten gut ausgekommen. Er hat sogar meinem Bruder bei einer Wohnungsrenovierung geholfen. Sogar umsonst wollte er das tun. Ich habe gesagt: „Das brauchst du ja auch nicht!" Peter konnte man bei jeder Arbeit brauchen. Es war ihm nichts zuviel. Die Mutter von Peter hat unser Verhältnis sehr unterstützt. Sie hat ja nie etwas gesagt, aber es war schon klar, daß sie gehofft hat, daß das eine Hochzeit gibt.

Auf der anderen Seite haben meine Freundinnen immer wieder gesagt: „Wie kannst du nur mit so einem Kerl gehen?" Ich habe auf solche Vorwürfe immer nur geantwortet: „Ich mag ihn!" Trotzdem habe ich während der ganzen Zeit nie vorgehabt, mich mit Peter zu verloben. Oder ihn gar zu heiraten. Da habe ich einfach Angst gehabt. Grad, weil er schon mal im Gefängnis war und das mit der Frau passiert war. Dann der Alkohol, das Schmierestehen beim Automatenknacken, die Kumpels, der Verkehrsunfall ohne Führerschein, aber mit Alkohol. Ich habe mir unsere Zukunft vorgestellt. „Wenn du mal verheiratet bist", habe ich zu mir gesagt, „hast du erst keinen Mann, der für dich und deine Kinder sorgt." Es hätte gut gehen können. Vielleicht. Aber, wenn er wieder etwas dreht, zieht er uns alle mit hinein. Er wäre wieder ins Gefängnis gekommen, ich wäre mit unseren Kindern alleine zu Hause gesessen. Unsere Kinder wären in der Schule krumm angeguckt worden. Ich hätte das nicht durchgestanden. Ich habe einfach Angst gehabt vor einem Leben mit Peter zusammen.

Nach dem Mord habe ich im stillen schon oft gedacht: Wenn ich genug Geduld und Kraft gehabt hätte, wenn ich ihn auf die gerade Bahn gebracht hätte, wenn wir zusammengeblieben wären, dann würde das Mädchen heute noch leben. Lauter Wenns. Aber das Leben sah eben anders aus. Es war auf der einen Seite so, daß Peter sanfter als ein Lamm sein konnte, er hat sich wirklich etwas sagen lassen. Nur gemacht hat er es dann nicht. Aber er hat darüber nachgedacht. Und er hat oft den Willen gezeigt, sich zu ändern. Als mir seine Schwäche langsam immer klarer geworden ist, hat meine Liebe nachgelassen. Das Mitleid ist aber gewachsen. Ich habe mich richtig in diese Aufgabe hineingesteigert. Etwa acht Monate habe ich gekämpft, vor allem gegen den Alkohol und die Kumpels. Etwa nach vier Monaten wollte ich das erste Mal aufgeben. Damals war das mit dem Autounfall passiert. Ich habe damals Peter folgenden Brief geschrieben:

Hallo Peter!

Na, wie geht's? Hoffentlich gut. Eigentlich weiß ich gar nicht so recht, was und vor allem wie ich Dir schreiben soll. Denn die ganze Sache ist sehr problematisch. Ich hoffe, ich kann mich gut ausdrücken im Schreiben, ich hätte es ja lieber so mit Dir besprochen. Aber dazu fehlt mir der Mut. Heute abend, um 19.30 Uhr, bin ich an Eurem Haus vorbeigefahren. Ich war ein richtiger Feigling. Vorher klingelte das Telefon. Ich dachte, Du wärst dran, aber ich hoffte vergebens.

Ich habe Dich immer noch sehr, sehr lieb, und der Gedanke, daß alles aus ist, tut mir so weh. Aber ich bin ja selber schuld dran. Warum muß ich immer nur so ein Quertreiber sein. Warum kann ich nicht mit dem zufrieden sein, wie es ist. So, wie es im Moment ist, paßt es mir überhaupt nicht. Aber Du hattest ja ganz recht, Du bist kein Spielzeug, das immer nur für die Launen anderer Leute hinhalten muß. Das Schlimme ist, daß ich im Moment wirklich nicht mehr weiß, was ich will. Ich möchte von allem frei sein. Ich möchte bei Dir sein, Dich liebhaben. Aber, wenn ich dann bei Dir bin, möchte ich weg von Dir sein. Ich habe Dich auch in solchen Momenten noch lieb, aber ich komme mir so angebunden vor. Ich weiß mir bald nicht mehr zu helfen. Ich bin so verzweifelt und deprimiert über mich selbst. Das Schwerste ist, daß ich jetzt alleine bin. Ich kann mir aber selbst nicht helfen. Es gibt zwar noch eine Lösung, allem aus dem Weg zu gehen, aber dazu hänge ich doch noch zu sehr an meinem Leben.

Als Du aus dem Auto ausgestiegen bist und sagtest: „Leb wohl, mach's gut!" hat es bei mir ausgesetzt. Denn das war ein Satz, den ich nicht ertragen konnte. In diesem Moment wollte ich sterben. Das gab in meinem Herzen einen Schmerz, den ich nicht überwinden kann. Ich liebe Dich mehr als mein Leben, und dennoch weiß ich, daß wir nie so zusammen sein werden, wie ich es mir von Herzen wünsche. Ich weiß jetzt schon, wenn wir wieder anfangen, ist das gleiche Problem wieder da. Und der Gedanke, daß ich das Problem bin, macht mir schwer zu schaffen. Aber ich muß mich auch damit abfinden, wie mit dem Gedanken, daß ich alleine bin und nicht bei dem Menschen sein kann, den ich liebe. Also dann, Peter, ich wünsch Dir alles erdenklich Gute für Deine Zukunft, und mach bitte das Beste daraus. Halte die Ohren steif, einem Naturtalent wie Dir klappt alles.

In Liebe
Erika

Wenn ich mir heute überlege, wie ich das mit dem Problem wohl gemeint habe, so kommt mir der Gedanke, daß ich für ihn sein Problem war. Ich war für ihn immer ein Mensch, der ihm auf die Finger gehauen hat – bildlich gesprochen –, wenn er etwas anstellen wollte. Ich habe ihn im großen und ganzen ja nie so leben lassen, wie er eigentlich wollte. Aber, wenn ich das getan hätte, wäre er ja ganz auf die schiefe Bahn gekommen. Aber heute muß ich ja auch zugeben: Es hat keinen großen Wert gehabt, was ich getan habe! Obwohl wir es uns beide nicht leicht gemacht haben. Nach dem Brief ist es nämlich doch wieder weitergegangen mit uns.

Bis drei Monate vor dem Mord. Da hat ein Kumpel von Peter einen Unfall gehabt. Er lag im Krankenhaus. Wir haben ihn an einem Sonntag besucht. Peters Mutter hat noch

Kaffee mitgegeben. An diesem Tag habe ich mich in den Freund von Peter verliebt. Schon zuvor hat es ein wenig gefunkelt zwischen uns. Peter hat sogar wahrscheinlich unbewußt dazu mitgeholfen. Als wir nämlich so am Krankenbett saßen, mußte ich kurz auf die Toilette. Als ich zurückkam, sagte Peter zu mir: „Du, der Karl will dir einen Kuß auf die Backe geben!" „Tu's doch, Karl!" sagte Peter dann zu seinem Freund. Und er tat's. Ich meine, so ein Kuß auf die Wange ist ja nichts Schlimmes. Trotzdem, die Aufforderung von Peter hat mir die Trennung von ihm ganz arg erleichtert. Es dauerte dann nur noch ein paar Tage. Am letzten Abend unserer Liebe trafen wir uns noch einmal bei ihm zu Hause. Wir fuhren mit meinem Auto weg. Ich hab ihm dann gesagt, daß es aus sein muß zwischen uns. Er bat mich unter Tränen, ihn noch einmal liebzuhaben. Ich erfüllte ihm diesen Wunsch. Wir legten die Musikkassette mit dem Schlager von Roland Kaiser in den Recorder: „Lieb mich ein letztes Mal!"

Hallo Bruderherz!

Ein jüngerer Bruder des Täters

Als Peter zum ersten Mal ins Gefängnis kam, war ich fast elf Jahre alt. Ich war in der vierten Klasse und ging in die Hauptschule in die Stadt. Am nächsten Tag hockte ich in der Schule, da war bei mir richtig black out. Das weiß ich noch genau. Plötzlich habe ich angefangen zu weinen. Da haben mich alle gefragt, was mit mir los sei. Dann habe ich es halt gesagt. Der Lehrer hat es wahrscheinlich schon gewußt, er ist ja auch aus unserem Dorf. „Mein Bruder ist im Gefängnis!" So habe ich es gesagt. Mehr nicht. Am gleichen Tag sind wir dann wie üblich mit dem Schulbus heimgefahren. Da war das das große Gesprächsthema. Das ist ja klar. Ich bin im Bus gestanden, und da sagte plötzlich einer meiner Schulkameraden zu einem Jungen aus der nächsthöheren Klasse: „Guck, das ist dem sein Bruder!" Das hat mir wahnsinnig gestunken. Wir kamen dann gleich zur Bushaltestelle, wo wir aussteigen mußten. Da habe ich dem einfach eine hineingehauen. Ich habe mir einfach nicht anders zu helfen gewußt. Sonst haben mich meine Mitschüler eigentlich in Ruhe gelassen. Sie haben so getan, als ob nie etwas passiert wäre. Für mich war es aber schon eine große Schande: mein Bruder – im Gefängnis. Später hat er uns dann ja öfters besucht. Über Weihnachten, über Ostern, in den Ferien. Da ist er selbst, ganz alleine mit dem Zug hergefahren. Die haben ihm vertraut. Er ist auch selber wieder hingefahren. Da haben wir alle gedacht, jetzt wird's gut sein. Denn wenn die ihm nicht so vertrauen würden, täten sie ihn auch nicht so fahren lassen.

Ich habe ihm viele Briefe geschrieben, damals. Heute komme ich nicht mehr so oft dazu. Ich mache eine Lehre und will mich da voll drauf konzentrieren. Er hat überhaupt immer viele Briefe bekommen, von uns Geschwistern, von der Mutter, ein paar Briefe vom Vater. Als er dann zurückkam, brachte er einen ganzen Ordner voller Briefe mit. Alle fein säuberlich geordnet. Es waren 250 Briefe. Und das in etwas mehr als drei Jahren. Mein Bruder hat auch viel geschrieben, mit schönen Zeichnungen. Er hat immer einzelne Buchstaben unterstrichen. Die mußten wir dann zusammensetzen. Die Worte, die dabei herauskamen, sollten uns sagen, was wir ihm schicken sollten. Das war so eine Art Geheimbotschaft. Das hat uns Jungen unheimlich fasziniert. Wir haben da dann auch mitgemacht. Ich habe in dem Ordner, der heute noch im Schränkchen meines Bruders bei uns zu Hause steht, so einen Brief gefunden:

Hallo Bruderherz!!!!

Bitte sei mir nicht böse, daß ich so lange nicht mehr geschrieben habe. Du hast mich gefragt ob mein Flugzeug noch flugfähig oder schrottreif ist. Ich würde sagen: beides. Die Gummis wo Du mir gekauft hast sind schon beide kaputt.

Am Freitag, haben wir eine Wanderung gemacht mit der ganzen Schulklasse. Wir hatten Glück das wir zum Mittagessen wieder zu Hause waren, den Nachmittags hat es ganz schön geregnet.

Nun zu Dir, ich kann mir sehr gut vorstellen, wie es euch gestunken hat, das ihr nicht auf den Rummel gehen konntet. Den Krach zu übertönen ist Dir ja bestimmt nicht schwergefallen, da Du ja einen Radio hast. Ich habe einen EINEN SEHR GROSSEN Wunsch, und möchte ihn

Dir sagen. Ich wünschte, daß du bald wieder bei uns bist. Am Montag habe ich bei Schneiders Haus ein Loch in die Fensterscheibe mit der Steinschleuder hineingeschossen, aber nicht mit Absicht. Du brauchst mir deswegen nicht böse zu sein. Nun muß ich auch mal wieder zum Schluß kommen.
Der Schreibstoff geht mir aus.

Also Tschüß
machs gut und „immer dran glauben"

PS. Wir alle drücken Dir ganz fest die Daumen.

... .ch ... ...

So war das. Durch Geheimschrift habe ich ihm gesagt: „Ich habe Dich sehr gern!"

Von draußen nach drinnen

Lektüre für Minuten – Briefe ins Gefängnis

Hallo Peter!

Ich finde, nun ist es Zeit, daß ich auch mal was von mir hören lasse. Du schriebst, daß Walli und Irene nichts mehr schreiben. Bei Walli kann ich es verstehen. Die richtet zur Zeit ihre Wohnung ein. Bei Irene war allerhand los, die letzte Zeit. So ein Ganove hat ihr den Kopf verdreht. Dann ist sie mit ihm durchgebrannt. Naja, mein Vater hat sich dann überall nach ihr erkundigt. Dann hat es sich herausgestellt, daß der Mann eine schöne, dicke Akte bei der Kripo hat. Wenn's dann wenigstens nur so kleine Delikte gewesen wären, aber er war oder ist noch Zuhälter und hat lauter schwere Diebstähle hinter sich. Du kannst Dir sicher denken, was wir uns vorgestellt haben, als Irene weg war. Aber mein Vater hat sie dann suchen lassen von der Kripo, und letzten Sonntag hat man sie beim Zelten gefunden in einer Kiesgrube, sie war eine ganze Woche weg. Na, der Kerl kommt auch noch dran wegen Freiheitsberaubung. So, nun weißt Du bestimmt auch, warum sie Dir nicht mehr geschrieben hat. Sie muß das zuerst überstehen, denn es hat sie sehr mitgenommen.

Wir wollten Dich übrigens schon längst einmal besuchen, natürlich kommt da immer etwas dazwischen. Ich hoffe, daß es doch mal klappt, So, nun komme ich langsam zum Schluß, denn mir geht die Puste aus.

Tausend Grüße
sendet Dir
Susanne mit Anhang

Grüß Dich Peter!

Sicherlich war ich überrascht, als Dein Brief ankam, da man ja solange nichts mehr von Dir gehört hat. Aber es hat mich auch ehrlich gefreut.

Einen Freund habe ich nicht mehr, der letzte hat mich sitzenlassen, und seither habe ich die Schnauze voll für 'ne Weile von festen Verbindungen. Das bringt ja nichts. Lieber flüchtige Bekanntschaften. Wenn ich mir die Hörner abgestoßen habe, dann wird es noch Zeit genug sein, um eine feste Bindung einzugehen. Ich bin nun mein freier Mensch, und ich will es auch noch ein Weilchen bleiben.

Zur Zeit sind wieder überall Bierfeste, so daß man nicht weiß, auf welches man gehen soll, weil sie oft aufs gleiche Wochenende fallen. Aber soweit es möglich ist, wird keines ausgelassen. Du kennst uns ja. Ich habe mich jetzt mehr an Petra angeschlossen, da sie ja ein Auto hat. So ist es eher möglich, aus unserem Kaff mal herauszukommen. Ansonsten hocken wir sonst immer im Bierstadel. Mit dem Wirt haben wir schon öfters einen durchgezogen. Bis morgens. Der ist da immer fit dabei. Wir haben zur Zeit Betriebsferien bis zum 15. d.M., und ich weiß vor lauter Langeweile nichts mit mir anzufangen. Alleine zum Baden gehen möchte ich auch nicht, da ja sowieso nur die jungen Hüpfer am Baggersee draußen sind.

Die Katrin hat geheiratet. In so jungen Jahren. Mir egal, ich mache diese Dummheit nicht.

Meine Haare sind auch der Schere zum Opfer gefallen, bei der Hitze waren sie lästig, aber jetzt bereue ich es schon wieder. Doch sie wachsen ja wieder, das ist mein Trost.

Gestern abend haben wir bei mir Erdbeer-Bowle gesoffen und sind dann anschließend in die Stadt zum Sommerfest gefahren. Dort haben wir weitergezecht bis morgens um 2.00 Uhr. Deshalb fühle ich mich heute auch nicht so wohl. Tja, das sind dann die bestimmten Nachwehen, die Du sicherlich auch kennst. Aber weißt Du, ich sage mir immer: „Rausch vergeht, Dummheit bleibt!" Oder stimmt's etwa nicht? Mit meiner Ollen stehe ich zur Zeit auch mal wieder auf Kriegsfuß, weil ich 2 Nächte auswärts verbracht habe. Aber das vergeht. Die beruhigt sich auch wieder.

Das wird kein Dauerzustand bleiben. So etwas habe ich schon oft erlebt und deshalb juckt es mich auch nicht mehr. Ich mache trotzdem, was ich will. So, jetzt bin ich mit meinem Latein am Ende.

Gehab Dich wohl
Irene

An die
Redaktion der Gefangenenzeitung
„Wir da drinnen, Ihr da draußen"

Vor mir liegt Heft Nr. 10. Gestern habe ich es in die Hände bekommen, und ich möchte nun gerne wissen, ob diese Zeitung noch besteht. Die vor mir liegende Ausgabe ist nun fast 2 Jahre alt, seither kann sich viel geändert haben. Vor einigen Jahren bin ich durch eine Brieffreundschaft mit einem Strafgefangenen zum erstenmal mit den Schwierigkeiten und Problemen konfrontiert worden, die in einem Gefängnis auftreten. Diese Freundschaft hat mir eine andere Welt gezeigt, da ich bis dahin von Schwierigkeiten immer ferngehalten worden bin. Meine Eltern haben die Brieffreundschaft nach kurzer Zeit verboten. Ihr Grund dafür war ihre Angst, die sie um ihr Töchterchen hatten. Seit dieser Zeit habe ich mich immer wieder mit dem Gedanken getragen, etwas gegen die Ansichten und Moralvorstellungen meiner Eltern, sowie allen anderen Leuten mit gleicher Meinung, zu tun.

Wie soll ich aber etwas gegen falsche Vorstellungen tun, wenn ich keine Ahnung davon habe, wo ich ansetzen soll. Mein Wunsch ist nun, Kontakt mit Gefangenen aufzunehmen, vielleicht wieder in Form einer Brieffreundschaft. Jetzt, da ich einige Jahre älter bin, hoffe ich doch, daß sich solch eine Freundschaft länger halten wird. Bis jetzt gehe ich noch zur Schule, letzte Woche habe ich die schriftliche Abi-Prüfung hinter mich gebracht. Doch in Kürze habe ich dieses Kapitel abgeschlossen. Ich könnte ja ein Bild von mir mitschicken, doch ich weiß nicht, ob dies einen Sinn hat, da ich überhaupt noch im Ungewissen bin, ob dieser Brief überhaupt einen Empfänger bekommt.

Wenn ich eine Antwort auf diesen Brief bekommen würde, wäre ich glücklich, und ich würde natürlich schnellstens von mir hören lassen.

Vielen Dank
Tschüss
Eva

Hallo, lieber Peter,

es hat mich ungeheuerlich gefreut, mal etwas von dem angesagten Brieffreund zu hören. Wie Du vielleicht schon weißt, gehe ich noch einen Monat zur Schule, danach haben wir einen Monat freiwilligen Unterricht und dann mündliche Prüfung. Wie mein weiterer Weg aussehen wird, kann ich bis jetzt noch nicht sagen, da ich gerade dabei bin, Absagen zu sammeln. Arbeitslos zu sein, war für mich bis jetzt ein Problem in weiter Ferne. Doch wie die jetzige Lage zeigt, werde ich auch die Nachteile dieses Problems zu spüren bekommen. In den nächsten Briefen werde ich dann berichten, was ich so treibe. Nun zu Dir, über Dich kann ich noch nicht allzuviel sagen. Die Daten über Größe, Haarfarbe usw. lassen schlecht auf die Gedanken eines Menschen schließen. Ich könnte sehr viele Fragen an Dich stellen, doch ich möchte, daß Du mir alles schreibst, was Du gerne sagen willst.

Du hast Dich bestimmt mit vielem beschäftigt, Dir Gedanken über dies und jenes gemacht, wovon ich keine Ahnung habe, wozu ich mich aber gerne überraschen lasse.

Ich möchte Dir gerne sagen, was ich denke und was ich fühle. Als ich Deinen Brief am Samstag erhielt, habe ich mich in eine stille Ecke verzogen, um Dein Kunstwerk zu betrachten. Hätten mir meine Eltern heute nicht 20 rote Rosen geschenkt, wären Deine gemalten Blumen die einzigen Geburtstagsblumen gewesen. Es getraut sich niemand, mir Blumen zu schenken, da alle meinen, eine Gärtnerstochter habe genug Blumen um sich herum. Dies ist aber der größte Irrtum, darum habe ich mich über Deine Blumen furchtbar gefreut. Zum Schluß des Briefes möchte ich Dir gerne ein Zitat von Hermann Hesse schreiben:

„Je weniger ich im Ganzen an unsere Zeit glauben kann, je mehr ich das Menschentum verkommen und verscharren zu sehen meine, desto weniger stelle ich diesem Verfall die Revolution entgegen, und desto mehr glaube ich an die Magie der Liebe!“

Zur Zeit lese ich die „Lektüre für Minuten“ von Hermann Hesse. Dieser Vers hat mir zu denken gegeben. Im Grunde möchte ich gerne zustimmen, bis jetzt stehe ich dem jedoch noch kritisch gegenüber.

Da ich mich als keine Handelsware fühle, mußt Du leider auf großzügige Fotos von mir verzichten. Wenn es Dir jedoch keine allzu großen Umstände bereitet, möchte ich von Dir ganz gern ein Bild, damit ich weiß, welche Augen meine Worte lesen.

Tschüss
Bis bald
Eva

Lieber Peter,

In Deinem letzten Brief hast Du mir von Deiner Freundin erzählt. Schreib mir doch bitte mehr von diesem wunderbaren Mädchen. Wenn man verliebt ist, sieht die Welt gleich freundlicher aus. Du hast mir auch die Telefonnummer Deiner Mutter gegeben, ich rufe sie bald mal an. Du fragtest mich, ob ich Geschwister habe. Nun, ich habe einen 14jährigen Bruder. Meine Schwester ist mit einem halben Jahr gestorben. Da mein Bruder kurz nach dem Tod meiner Schwester geboren wurde und dazu noch als Kleinkind oft krank war, ist er heute ein verzogener und verhätschelter Junge. Bis heute habe ich noch oft Streit mit ihm, doch ich hoffe, daß es bald besser wird.

Deine Familie ist ja nicht gerade klein. Mit 6 Geschwistern ist immer etwas los. Als ich gelesen habe, daß Du noch 6 Geschwister hast, mußte ich lachen, da meine beste Freundin auch 6 Geschwister hat. Heute gehört es ja schon zu einer Seltenheit, 7 Kinder zu haben. Ich freue mich auf jeden Fall, gleich 2 Freunde zu haben, die aus einer 9köpfigen Familie stammen. Wie kommst Du denn mit Deinen Geschwistern zurecht? Bestimmt besser als ich mit meinem Bruder.

Da habe ich noch eine Frage an Dich, da ich nicht begreifen kann, daß man gleich 5 Jahre ins Gefängnis muß, nur weil man seine Schwester verteidigt hat. Sind unsere

Paragraphen so inhuman? Oder traust Du Dir nicht, die Wahrheit zu schreiben?

Ich wünsche Dir von ganzem Herzen, daß dein Heimaturlaub genehmigt wird. Beide Daumen sind für Dich reserviert. Die Sehnsucht, mal wieder zu Hause zu sein, kann ich nicht ermessen. Meine Sehnsüchte waren bestimmt noch nie so groß.

„Kein Mensch kann das beim andern sehen und verstehen, was er nicht selbst erlebt hat.“ (Hermann Hesse)

Daß Deine Wünsche in Erfüllung gehen
wünscht Dir
Eva

Ich habe Hoffnung für ihn

Der Rechtsanwalt des Täters

Das war der dritte Mordfall, den ich als Verteidiger vor Gericht vertrat. Bereits nach dem ersten Mordfall hatte ich gesagt: „So schnell werde ich nicht wieder eine Pflichtverteidigung übernehmen!" Der erste Prozeß hatte mich richtiggehend belastet; über Jahre hinweg. Ich bin ein Mensch, der nur dann richtig verteidigen kann, wenn er sich ganz in den Fall hineingibt. Nur so als Pflichtverteidiger tauge ich nicht. Da ich mich aber nicht andauernd so belasten kann, kann ich nicht jedes Jahr eine Verteidigung in einem Mordfall übernehmen.

Als mich dann aber der Gerichtsvorsitzende anrief, ob ich nicht doch die Verteidigung des Peter N. übernehmen könne, habe ich schweren Herzens zugestimmt. Als ich die Akten auf dem Tisch hatte, versuchte ich mir auf Grund der Aktenlage ein Bild dieses Mörders zu machen. Über die Tat war ich schockiert. Ich stellte mir einen sehr brutalen Menschen vor, der zweimal ein Kapitalverbrechen begehen konnte.

Als ich dann meinen Mandanten im Gefängnis besuchte, war ich doch sehr erstaunt, als mir so ein kleiner, schmächtiger Mann gegenüberstand, der meinem Mörderbild überhaupt nicht entsprach. Ich habe mich dann lange mit ihm besprochen, über den Fall und über sein Leben, einfach über alles, was ich als Verteidiger wissen mußte. Von Anfang an hat Peter in aller Klarheit und Offenheit geschildert, wie sich alles zugetragen hat. Er hat nie versucht, etwas zu beschönigen. Das hat mich sehr positiv gestimmt. Aber das eigentliche *Warum* habe ich dabei auch nicht herausbringen können. Auch er hat mir keine plausible Erklärung dafür geben können. Wohl hat er manches auf den Alkohol geschoben. Aber das war für mich nicht schlüssig. Wenn ich dieses Leben betrachte – und wir haben darin alle Winkel ausgeleuchtet, wie zuvor die Polizei und danach das Gericht –, dann führt seine Entwicklung notwendig eigentlich weder zur ersten noch zur zweiten Tat. Das hätte alles nicht so kommen müssen. Es gibt auch andere Fälle, in denen so eine Tat geradezu vorausbestimmt scheint, in denen alles auf so ein Verbrechen hinzielt. Aber nicht so bei ihm. Er *mußte* nicht immer tiefer in die Kriminalität rutschen. Bei ihm hätte alles auch anders kommen können. Der Fehler seiner ganzen Entwicklung liegt wohl im ersten Fall. Im ersten Urteil, das ich auch von der Begründung her für falsch halte, hätte das Gericht ansetzen müssen, mit aller Strenge. Das Gericht wollte ihm eine Brücke bauen, um zu einer relativ milden Strafe zu kommen. Das war falsch. Hinterher gesehen. Wenn das Gericht ihm damals gezeigt hätte, in viel schärferer Form, als es damals geschah, was Peter eigentlich verbrochen hatte, dann wäre es wohl nicht zum zweiten Fall gekommen. Das erste Urteil war zu milde. Auch die Jugendstrafanstalt, wo es Alkohol gab, wo er viel zu oft Ausgang hatte, war wohl nicht der richtige Ort für ihn. Er hat dort nicht viel Gutes hinzugelernt. Vor allem hat er nie seine Schuld erkannt und eingesehen, so richtig tief eingesehen. Das ging alles viel zu leicht und zu schnell seinen gewohnten Gang weiter. Als er dann aus dem Gefängnis entlassen worden war, fand er auch keine besonders großen Schwierigkeiten vor. Alle haben sich bemüht, ihm wieder zu einem geregelten Leben zu verhelfen. Auch die Mädchen, die er hatte, wußten wohl, daß er im Gefängnis gewesen war, aber sie sagten: „Das ist vergessen!" So haben ihn die Konsequenzen, die sich aus dem ersten Fall für ihn ergeben haben, gar nicht in dem Maße beeindruckt, wie sie ihn hätten beeindrucken müssen. Man hat ihn also um die Chance der Einsicht und damit der Besserung gebracht.

Dann kam er wieder in die Trinkerei hinein, in die Gruppe seiner alten Freunde, die auch nicht viel dazugelernt hatten, als er im Gefängnis war.

So kam es zum zweiten Fall, der im Grunde genau nach dem selben Muster abgelaufen ist wie das erste Delikt. Wenn ich es mir genau überlege, hätte ihn wohl nur eine feste partnerschaftliche Bindung vor diesem Schicksal bewahren können. Wenn ein Mädchen zu ihm gesagt hätte: „Ich halte zu Dir!", und wenn er nicht alles durch den Alkohol und durch seinen Leichtsinn und seine Angeberei kaputtgemacht hätte, wenn es zu einer Heirat, zu einer richtigen Bindung gekommen wäre, dann – davon bin ich fest überzeugt – wäre es nicht zu diesem zweiten Fall gekommen, Wenn, wenn, wenn ...

So mußte es zur zweiten Gerichtsverhandlung kommen. Ich will keine Einzelheiten schildern. Jedenfalls habe ich zuvor noch nie erlebt, wie ein Mensch von einem Urteil so tief getroffen wurde. Es war das erste Mal, daß ich den Urteilsspruch „Lebenslänglich" im Gerichtssaal gehört habe. Peter N. stand vor mir. Als der Gerichtsvorsitzende das Urteil verkündete, als das Wort: „Lebenslänglich!" fiel, da war es, als ob man ihn erschossen hätte.

Sein Oberkörper ging nach vorne, wie von einem Schuß getroffen. Aus dieser Haltung ist er für mindestens eine halbe Stunde nicht mehr erwacht. So habe ich es zumindest empfunden. Mich hat es auch getroffen. Wenn man einen Menschen verteidigt, wenn man oft mit ihm zusammen ist, seine ganze Geschichte kennt, die Nöte, die Ängste, die Hoffnungen mit ihm teilt – und wenn man das nicht tut, kann man ja nicht richtig verteidigen –, dann wird man auch von einem solchen Urteilsspruch tief getroffen. Ich hatte für ihn gehofft. Vor allem, daß er seine schwere Schuld einsieht und aus dieser Einsicht heraus in die Therapie geht, dort langsam lebenstüchtig wird, um nach 15 Jahren ganz von vorne anfangen zu können, draußen.

Zwei Tage später habe ich Peter N. wieder im Gefängnis aufgesucht. Da war alles wieder ganz anders. Da hat er schon wieder so getan, als ob ihn so ein Urteil auch nicht umwerfe. „Dann mache ich eben das lebenslang runter!" So etwa hat er sich geäußert. Da habe ich wieder bei mir gedacht: „Es fehlt ihm am Schuldbewußtsein, er hat immer noch nicht begriffen, welche Schuld er auf sich geladen hat."

Richter zu sein, vor allem Strafrichter zu sein, belastet furchtbar. Peter hat wohl einen der besten Gerichtsvorsitzenden als Richter gehabt, den ich mir vorstellen kann. Dieser Richter vermag mit einer Ruhe, mit einer menschlichen Wärme, mit allem Verständnis zu verhandeln, wie man es sich kaum vorstellen kann. Wenn sich ein Richter so in einem Menschen hineindenken kann, leidet er natürlich auch darunter, wenn er sein Urteil sprechen muß. Und wenn das Urteil dann lebenslänglich lautet, ist das eine harte Sache, auch für den Richter. Sicher, manche, wahrscheinlich viele Richter stumpfen mit der Zeit ab, wenige können sich diese Betroffenheit bewahren. Diese sind aber die besten.

Wenn ich Richter geworden wäre, wollte ich auch nur ein Richter sein, der sich menschliche Sensibilität bewahrt. Nun, ich bin Verteidiger geworden. Als Verteidiger bin ich aber nur gut – das empfinde ich immer sehr deutlich –, wenn ich mich in den jeweiligen Fall hineinversetze, wenn ich mit diesem Fall lebe. Dann sehe ich solch einen Fall nicht als Broterwerb an, sondern als Hilfe für einen bedrängten Menschen.

Wie geht es mit Peter N. weiter! Im Urteil steht, daß er zunächst eine Zeit der Nachreifung benötigt. Er ist einfach noch nicht reif. Dann muß man ihm helfen – das steht auch im Urteil. Er muß eine Therapie bekommen. Das hat die Kammer in das Urteil aufgenommen, damit Peter überhaupt nur eine Chance hat, nach 15 Jahren herauszukommen. Ohne Therapie geht das nicht. Aber bis heute ist da noch nichts angelaufen. Das dauert immer so lange. Ich bleibe also sicher mit Peter N. im Kontakt. Ich schaue noch eine Zeitlang zu, dann werde ich wohl die Strafvollstreckungskammer daran erinnern müssen, daß Peter therapiert werden muß, soll überhaupt noch eine Hoffnung dafür bestehen, daß er jemals als freier Mensch leben kann. Ich habe diese Hoffnung. Aber jetzt liegt es erst einmal an ihm. Er selber muß an sich arbeiten, muß endlich seine Schuld einsehen und dann von ganz unten neu anfangen. Ich habe Hoffnung für ihn, ich glaube daran, daß er es schafft. Wenn nur er die Hoffnung nicht verliert.

Eigentlich können Sie froh sein!

Der Vater des Opfers

Als unsere Tochter Sabine noch lebte, bin ich oft am Sonntagmorgen um 4.00 Uhr aufgestanden, habe sie geweckt, und dann gingen wir zwei hinaus in den Wald. Dort ist es am schönsten, wenn die Sonne aufgeht, wenn die Vögel zwitschern, wenn sonst kein Mensch unterwegs ist. Sabine hat das auch geliebt. Einmal – da war sie vielleicht zehn Jahre alt – kam sie schon vor vier Uhr zu mir ans Bett, weckte mich: „Papa, komm, steh auf, die Ulrike schläft noch, komm, wir gehen in den Wald!" Am Abend zuvor hatte sie offensichtlich heimlich den Wecker gestellt, um mich einmal wecken zu dürfen. Natürlich bin ich aufgestanden, das habe ich mir nicht zweimal sagen lassen. Aber als wir dann zum Frühstück wieder nach Hause gekommen sind, war die Ulrike beleidigt. Weil wir sie nicht mitgenommen hatten. Sie hat schon ein wenig im Schatten der älteren Schwester gelebt. Das hat aber auch Vorteile für sie gehabt. Zur Sabine haben wir nämlich immer gesagt: „Du bist doch die Älteste, du hättest doch vernünftig sein können!", wenn irgend etwas passiert war. Mir tut's im nachhinein leid, oft mit der Sabine geschimpft zu haben. Manchmal zu Recht, manchmal sicher auch zu Unrecht. Das ist heute unerheblich. Schon oft bin ich bei ihr am Grab gestanden und habe sie um Verzeihung gebeten. Ich habe mir auch vorgenommen, mit den jüngeren Kindern nicht mehr so streng zu sein. Und daran habe ich mich auch gehalten.

Nach dem Tod unserer Sabine hat die Ulrike voll Besitz von mir ergriffen. Da hat sie gewußt: „Jetzt kann die Sabine nicht mehr mit dem Papa in den Wald gehen, jetzt bin ich die große, die anderen sind ohnehin noch zu jung." Wahrscheinlich war das eine ganz natürliche Reaktion. Aber daß das für die Entwicklung der Ulrike eine entscheidende Bedeutung gehabt hat, das ist mir erst nach und nach klargeworden. Wenn meine jetzt älteste Tochter mit mir zusammen ist, dann wickelt sie mich um den Finger. Da kann ich gar nichts machen, und wenn ich ehrlich bin, dann genieße ich das sogar.

Was Trost und trösten können bedeutet, wie schwer uns das fällt, das haben wir nach dem Mord oft erleben müssen. Das sind teilweise sehr bittere Erfahrungen. Aber auch vereinzelt gute. Die Menschen in unserem Dorf haben sich schwer getan, vor allem mir gegenüber. Besser war es, wenn meine Frau dabei war. Sie haben gesagt: „Wie kann euch das passieren? Ihr seid doch so rechte Leute, ihr tut doch niemandem etwas zu leide! Ausgerechnet bei euch, die ihr so anständige Kinder habt, muß so etwas passieren."

Die Männer haben eindeutig reagiert. Da fielen harte Aussprüche. Auch am Arbeitsplatz. „Dem Kerl gehört der Kopf runter!" Das war aber kein Trost für mich, das hat mich nur noch haßerfüllter gegen den Mörder meines Kindes gemacht. Heute weiß ich, daß man in solch einer Situation den Haß nicht noch schüren darf. Mir ist es viel schwerer gefallen als meiner Frau, mich mit dem Mörder zu versöhnen. Das ist mir heute noch nicht so gelungen wie meiner Frau. Man kann Haß schüren und somit verstärken, aber auch Versöhnung einleiten und unterstützen. Im Endeffekt hätte mir das zweite viel mehr geholfen. Aber Haß zu schüren fällt offensichtlich den Menschen leichter als Versöhnung zu stiften.

Sehr verletzt hat uns eine Aussage einer Bekannten. Die hatte damals Sorgen mit ihrer Tochter und deren Freund.

Offensichtlich wollte sie uns Trost zusprechen. Aber das ging völlig daneben. Sie tröstete uns nämlich mit dem Satz: „Eigentlich können Sie froh sein; Sie wissen wenigstens, wo Ihre Tochter ist. Ich mache mir jeden Abend Sorgen, wo meine Tochter jetzt wieder steckt." Ich kann ja gut verstehen, daß diese Frau auch ihre Sorgen hatte. Aber die standen doch in keinem Verhältnis zu dem, was uns passiert war. Immer, wenn ich diese Frau sehe, erinnere ich mich an das, was sie damals gesagt hat. So etwas bleibt.

Die Reaktionen waren sehr unterschiedlich. Ich bin seit meiner Jugend aktiver Fußballspieler. Einige Wochen nach dem Mord ging ich wieder zur wöchentlichen Trainingsstunde. Da hat zwar jeder auffallend freundlich: „Grüß Gott!" gesagt, aber sonst ist kein Wort gefallen. Das war mir so am liebsten. Im Fußballverein bin ich nie gefragt worden: „Wie war denn das und jenes!"

Anders war die Reaktion im Kirchenchor. Meine Frau und ich gehören seit vielen Jahren dem Kirchenchor unserer Gemeinde an. Nach vier Wochen sind wir wieder in die Singstunde gegangen. Wir konnten uns ja nicht ewig nur zu Hause aufhalten. Aber es war ein schwerer Gang. Als wir hinkamen, waren alle anderen schon da. Wir waren verunsichert, weil wir nicht wußten, wie die Chormitglieder unser Erscheinen auffassen würden: „Hoffentlich denken die nicht: die wollen sich doch nur wichtig machen!", haben wir zueinander gesagt. Als wir in den Probesaal kamen, haben alle wie auf Kommando Beifall geklatscht. Da waren wir noch mehr verunsichert. Das war ein ganz gemischtes Gefühl. Einerseits hat es mich wirklich gefreut, anderseits ist der ganze Schmerz wieder hochgekommen. Es war fast nicht zu verkraften. „Daß man da klatscht?" Wir haben es nach der Stunde miteinander rekonstruiert. Eine Frau hat angefangen, die anderen haben mitgemacht. Viele sind dabei regelrecht erschrocken. Man kann da ja nicht mehr viel denken, überlegen: „Klatschen wir jetzt da mit oder nicht?"

Immer dann, wenn es zu überraschenden Begegnungen kam, hatten die anderen Schwierigkeiten. Männer noch mehr als Frauen. Aber auch Frauen. Ich erinnere mich an eine traurige Begebenheit auf unserem Friedhof. Drei Tage nach der Beerdigung gingen wir auf den Friedhof. Schon vom Friedhofseingang aus sahen wir, daß die beste Freundin meiner Frau mit ihrer Schwester an unserem Grab stand. Wir haben uns nichts dabei gedacht. Wir haben uns eher gefreut. Bei uns auf dem Dorf ist es ja üblich, daß die Freunde und Bekannten auch nach der Beerdigung das Grab eines kürzlich Verstorbenen aufsuchen, um dort zu beten. Aber als wir näher zum Grab kamen, sahen die beiden uns und plötzlich sprangen sie auseinander. Ihren Schrecken haben wir auf ihren Gesichtern gesehen. Wir beide haben uns angeschaut: „Sind wir jetzt aussätzig?" Es hat uns jedenfalls sehr wehgetan. Meine Frau hat Monate später erst mit ihrer Freundin darüber sprechen können. Da kam heraus, daß ihre Freundin regelrecht Angst vor dieser Begegnung auf dem Friedhof gehabt hatte. Sie hätte nicht gewußt, was sie hätte sagen sollen. Da wäre sie lieber schnell weggegangen.

Das haben wir oft erlebt, daß die Menschen erschrocken sind, wenn sie uns gesehen haben. Wenn sie einigermaßen unauffällig einer Begegnung ausweichen konnten, haben sie es getan. Wenn sie uns nur nicht in die Augen schauen mußten! Das hat uns mit der Zeit so verunsichert, daß wir uns immer mehr zurückgezogen haben. Wir wollten ja nicht, daß die Leute unseretwegen Schwierigkeiten haben.

Einige waren aber auch unverschämt. Monate nach der Tat besuchten wir mit einem Schwager eine berühmte Kirche in der Nähe unseres Dorfes. Als wir vor der Kirche standen, sah ich einen Kollegen aus unserer Firma mit seiner Familie. Er hat mich offensichtlich auch gesehen. Plötzlich sagte er laut, so daß es jeder gehört hat: „Guck, das sind die Eltern von dem ermordeten Kind!" Das war nackte Sensationslust. Wir sind sofort weggegangen.

Als dagegen am ersten Jahrestag der Ermordung viele Lehrer der Schule, in die Sabine gegangen war, in den Gottesdienst kamen, hat uns das sehr gefreut. Auch sehr viele Mitschüler sind mit ihrem Lehrer Jahr für Jahr, bis sie aus der Schule kamen, nach dem Jahrtagsgottesdienst mit auf den Friedhof zu Sabines Grab gegangen. Das war für uns ein Zeichen, daß unsere Tochter in ihrer Klasse und bei ihren Lehrern beliebt war. Das war Trost.

Das Leben ging weiter. Wir mußten nach vorne schauen. Wir hatten noch drei Kinder, die haben uns dringend gebraucht. Die Tat konnte nicht mehr ungeschehen gemacht werden, der Täter war hart bestraft worden. Es gibt keinen Stillstand. Man muß sich zusammenreißen. Man darf auch nicht in Selbstmitleid verfallen. Das ist immer eine Gefahr. Es tut ja so gut, wenn alle mit einem Mitleid haben. Aber da bekommt man auch ganz schnell ein schlechtes Gewissen: „Das Kind hat sterben müssen, und wir werden mit soviel Mitleid überhäuft." Ich habe mich immer angestrengt, das Mitleid nicht in mich hineinzulassen. Immer ist es mir nicht gelungen.

Wenn ich mir überlege, welches Verhalten der Mitmenschen mir am ehesten geholfen hat, dann waren es wohl die ganz einfachen Gesten. Ein kräftiger Händedruck ohne viele Worte.

Die entscheidende Hilfe haben wir aber anderswo gefunden. Wir haben schon vor dem Tod unserer Tochter miteinander gebetet. Aber nicht regelmäßig. So hin und wieder. Das hat sich nach dem Mord grundlegend geändert. Meine Frau und ich haben uns in der Nacht nach dem Mord geschworen, jeden Abend für unsere Sabine zu beten, solange wir leben. Und das haben wir auch durchgehalten, zu 99%. Das werden wir auch weiterhin tun. Dieses gemeinsame Beten, jeden Abend, ist nämlich zu einer großen Bereicherung in unserer Ehe geworden. Es muß ja auch nicht bei einem Vaterunser bleiben. Am schönsten ist es für uns beide, wenn wir in einem persönlichen Gebet den Tag noch einmal überdenken, wenn wir für die schönen Stunden danken und wenn wir unsere Sorgen Gott anvertrauen dürfen. Außerdem hilft uns das Beten auch noch in einer ganz anderen Richtung. Es gibt ja in jeder Ehe hin und wieder Differenzen. Aber wenn wir abends miteinander zu Bett gehen, und wenn dann die Zeit des Gebetes kommt, ja da können wir ja nicht mehr miteinander im Unfrieden sein. Das geht ja nicht: streiten – beten – und dann wieder streiten. Ein Pfarrer hat uns einmal gesagt: „Lasset die Sonne nicht untergehen über eurem Zorn!" Ich glaube, das steht sogar in der Bibel. Wir halten uns dran und leben sehr glücklich damit.

Die Zeitung ist mir zum Gebetbuch geworden

Eine Ordensfrau, Tante des Opfers

In unserem Kloster fanden gerade Besinnungstage statt, als ich einen Anruf meines Bruders erhielt. Ich habe sofort bemerkt, daß etwas passiert sein mußte. Mein Bruder fand gar keine Worte. „Unsere Sabine!" Mehr brachte er gar nicht heraus. Ich habe zuerst gedacht, ein Verkehrsunfall sei passiert. „Ja, was ist denn los?" „Unsere Sabine ist tot!" Zu mehr war mein Bruder nicht fähig. Ich ging ganz verwirrt zurück zu einer Besprechung, die wegen der weiteren Planung der Besinnungstage gerade lief. Ich habe den Besprechungsteilnehmern gesagt: „Meine Nichte ist tot, irgend etwas Schlimmes ist passiert." Wir haben alle miteinander gar nicht richtig reagieren können. Zuerst hat der Leiter der Besinnungstage einfach mal weiterverhandelt. Ich habe mich aber nicht konzentrieren können. Nach ein paar Minuten bin ich aufgesprungen, um mit der Mutter Generaloberin alles zu besprechen. Als ich in ihr Amtszimmer kam, unterhielten sich dort zwei Schwestern angeregt und fröhlich über den gerade zu Ende gegangenen Urlaub. Das waren für mich plötzlich zwei Welten. Hier die fröhlichen Mitschwestern, hier meine Familie mit ihrer toten Sabine. Ich konnte an der Freude nicht mehr teilnehmen, konnte aber auch das Leid noch nicht fassen. Es war ein Zustand, wie ich ihn seither und auch vorher noch nie erlebt habe.

Sabine war in unserem Kloster immer wieder zu Besuch gewesen. Alle Mitschwestern haben sie gern gehabt. Erst wenige Wochen zuvor war sie für einige Tage bei mir gewesen. Deshalb waren auch alle meine Mitschwestern sehr betroffen, als sie diese traurige Nachricht gehört haben. Vom Amtszimmer der Generaloberin aus haben wir zu Hause angerufen, aber niemanden erreichen können. Dann haben wir kurzerhand im Krankenhaus angerufen. Dort hat man uns gesagt, daß die Sabine ermordet worden sei. Das war für mich eine Situation, die mich völlig überfordert hat. Was soll man da tun? Ich habe mich zuerst in mein Zimmer zurückgezogen und habe das alles überdacht. „Das kann doch gar nicht sein!" Die Sabine war doch so lebendig in mir. Viele Situationen, die wir zusammen erlebt haben, habe ich vor mir gesehen: „Das soll jetzt alles weg sein, das soll tot sein?" „Das gibt es doch nicht, daß so ein junges Leben plötzlich aus ist!" „Was ging in diesem Mann vor, der sie umgebracht hat? Was hat Sabine mitmachen müssen?" Diese Angst, diese Not – und niemand hat ihr helfen können. Das waren die Fragen, die mich umgetrieben haben. Am schlimmsten war, daß ich nicht mehr helfen konnte, daß niemand mehr helfen konnte. Alles war schon vorbei. Da gab es nichts mehr zu helfen. All das war passiert, draußen irgendwo in einem Wald – die Sabine war mutterseelenallein, allein mit ihrem Mörder. Dieser Gedanke kann mich heute noch fast wahnsinnig machen. Diesen Gedanken darf ich gar nicht in mir aufkommen lassen.

Wie die Reaktion meiner Mitschwestern war? Ich habe von sehr vielen Schwestern echte, tief empfundene Anteilnahme und Mitsorge spüren dürfen. Alle wollten helfen. Aber es ist doch etwas anderes, *wenn man selbst vom Leid betroffen ist,* wenn man selbst zur Familie gehört, die mit solch einem Unglück fertig werden muß. Wir haben damals und Wochen und Monate danach viel, sehr viel gebetet, für die Sabine und auch für ihren Mörder, für all das Unrecht und das Böse in der Welt, das immer wieder, Tag für Tag geschieht.

Dann fuhr ich einen Tag vor der Beerdigung heim. Das war eine grausame Wirklichkeit. Da geht ein Kind lachend aus dem Haus. Und da warten wir auf den Sarg, in dem das tote Kind zurückkommt. In unserem Dorf werden die Toten noch zu Hause aufgebahrt und von zu Hause aus in die Kirche zum Trauergottesdienst geleitet. Und dann die Fragen. Fragen, die alle an mich gestellt haben, weil ich eine Nonne bin, weil ich ja mehr wissen mußte über Gottes Barmherzigkeit, über den Sinn oder Unsinn einer solchen Tat. „Warum hat Gott dieses Kind alleingelassen?" Das war die Hauptfrage. Auch ich habe sie mir gestellt. Und auch ich habe sie nicht beantworten können. So waren wir alle in einer großen Abwehrhaltung, als die Beerdigung stattfand. Der Priester, der die Beerdigung hielt, konnte offensichtlich diese Spannung aushalten. Er hat es wirklich „schön" gemacht. Er war als Außenstehender eben doch weniger betroffen als wir, er hat nichts beschönigt, er sprach über die Härte des Lebens und über unsere Trauer, die wir zulassen müssen, die wir durchleben müssen, um sie verarbeiten zu können. Trauerarbeit, sagt man dazu. Das braucht aber Zeit. Die Fragen kommen immer wieder. Ich fuhr am Tag nach der Beerdigung wieder in mein Kloster zurück. Bei mir ging das Leben weiter, zu Hause ging das Leben weiter. Aber dort wie hier war es ein anderes Leben geworden. „Was ist der Mensch?" Diese Frage bewegt mich seit damals. Ich werde das Rätsel nie lösen können. Wenn ich heute die Tageszeitung lese und Tag für Tag darin Berichte über Verbrechen, über Schuld, über Unglücke, über Streit und Haß finde, dann kann ich eine Antwort nur noch im Gebet finden. Dann wird die Zeitung zu meinem Gebetbuch. „Du Gott, der du allen Haß überwinden kannst, nimm dieses unschuldige Opfer zu dir; verzeihe diesem Menschen, der soviel Unrecht und Schuld auf sich geladen hat!" Bei solchen Stoßgebeten schwingt immer auch die Erinnerung an meine Nichte Sabine mit.

Es war für uns alle schwer. Am schwersten aber sicher für meine Schwägerin und für meinen Bruder. Die beiden sind dadurch auch sehr reif geworden, sie haben ein ganz empfindsames Gespür für soziale Probleme entwickelt. Sie sind nicht stehengeblieben in der Verzweiflung, im Schock. Natürlich: die Frage nach dem Warum ist immer noch da. Aber diese riesige Hürde hat sie nicht gebrochen, im Gegenteil. Ich kann mit keinem anderen aus unserer Familie – und die ist ja recht groß – so tiefe Glaubensgespräche führen wie mit meinem Bruder und seiner Frau. Dabei geht es immer um den Menschen, um seine Freiheit, sich für oder gegen Gott zu entscheiden. Wir dürfen ja nicht immer einfach Gott verantwortlich machen für all das Böse, das geschieht. Es ist ja der Mensch, der sich gegen Gott entscheidet und dabei noch andere mit hineinreißt. Oft völlig Unschuldige. Ich glaube fest daran, daß die Unschuldigen vor Gottes Angesicht treten dürfen. Ich glaube aber auch, daß die Schuldigen die Chance bekommen, sich wieder für Gott zu entscheiden und in den Armen des barmherzigen Vaters ihr Heil zu finden.

Eines möchte ich ja schon noch sagen: Bei uns im Dorf haben die Leute immer gesagt: „Von dieser Familie sind zwei Töchter im Kloster, da kann ja nichts mehr schief gehen!" Daß unser Gott nicht in solchen Kategorien denkt, das ist uns allen sehr klar geworden!

Den Glauben zu verlieren wäre noch schlimmer!

Die Mutter des Opfers

Ich sehe noch heute meine Tochter vor meinen Augen, wie sie mit der weißen Plastiktüte in der Hand von unserem Haus weggegangen ist. Ich habe ihr nachgeschaut und dabei gedacht: „Jetzt bist du auch schon so groß, daß du alleine auswärts zu einem Kindergeburtstag gehen kannst." Unmittelbar danach hat mich an jenem Nachmittag eine bleierne Müdigkeit befallen. Ich habe mich auf die Couch hingelegt und bin sofort eingeschlafen. Ich muß sehr weit weggewesen sein. Unsere jüngste Tochter Sofie hat mich mehrmals wecken wollen; aber ich habe ihre Mamarufe einfach nicht gehört. Erst kurz vor vier Uhr bin ich dann aufgewacht. Es hat gerade noch gereicht, um die zweitälteste vom Kindergarten abzuholen. So etwas ist mir noch nie passiert. Ich lege mich sonst nie mittags hin. Das ist mir auch noch lange nachgegangen: „Dein Kind liegt tot im Wald, und du liegst auf der Couch und schläfst."

Wir haben anfangs gar nicht geglaubt, daß sie tot sein könnte. Als diese Suchaktion im Wald stattfand, sind wir eben mitgegangen. „Was soll das Kind im Wald?" Ich habe immer noch in den Ohren, wie eine Nachbarin zu einem Polizeibeamten sagte: „Wir finden das Kind schon!" Als darauf hin der Polizist sagte: „Nein, hoffentlich finden wir sie nicht!", habe ich ganz empört bei mir gedacht: „Was redet denn der; natürlich müssen wir sie finden." Der Polizist hat zu diesem Zeitpunkt schon befürchtet, daß man sie nur noch tot finden wird. Diese Möglichkeit haben mein Mann und ich völlig verdrängt. Wie wollten und konnten das gar nicht denken.

Als wir dann verständigt wurden, sofort zur Polizeiwache zu kommen, ging mir sogar noch der Gedanke durch den Kopf: „Was wird die Polizei zu diesem ganzen Aufwand sagen, der gemacht wurde, und jetzt ist sie wieder da? Und was sagen da wohl die Leute?"

„Ja, wir haben Ihre Tochter gefunden!" empfing uns der junge Polizeibeamte. „Geht es ihr gut?" fragte mein Mann. „Sie ist tot!" Der Polizeibeamte war selbst totenblaß. Daß er uns das hat sagen müssen, das war unwahrscheinlich schwer für ihn. Er fragte uns noch, ob wir hereinkommen wollten. Wir wollten aber nur heimgehen. Das Wort Tod war für uns kein Begriff. Erst im Laufe des Abends, als dann die Kriminalbeamten uns befragten, wer für eine solche Tat aus dem Verwandten- oder Bekanntenkreis in Frage käme, wurde uns immer klarer: „Unsere Tochter lebt nicht mehr!" Noch nicht einmal auf dem Friedhof, als unser Mädchen in einem sehr schön mit Rosen geschmückten Sarg lag, ging es mir in den Kopf, daß da drin meine Tochter liegen soll. Noch tagelang haben wir immer gedacht, sobald die Hausglocke geläutet hat: „Jetzt ist es die Sabine!" Natürlich haben wir alle gewußt, sie kann nicht mehr kommen. Und doch haben wir gewartet. Wir haben noch lange für sie den Tisch gedeckt, wir haben erst spät ihr Bett abgeschlagen. Das war aber dann ein ganz bewußter Schritt, der arg wehgetan hat.

Ganz schlimm war für uns auch, daß die Polizei den Täter zuerst unter unseren Verwandten und Bekannten und unter den Nachbarn gesucht hat. Eines Abend kam ein Mann vom Dorf in unser Haus. Er machte uns das Angebot, im Wege der schwarzen Magie – so ähnlich hat er sich ausgedrückt – nach dem Mörder zu suchen. Er könne ihn auspendeln. Größe und Alter, vielleicht sogar den Namen. Immer Freitag abends habe er besondere Macht über sein Medium. Wir haben dann sofort die Polizei gefragt, ob sie was dagegen habe. Die Beamten meinten, sie hätten da schon die tollsten Sachen erlebt. Es könne auch nicht schaden. Ob sie es aber verwerten würden oder nicht, das müßten wir schon ihnen überlassen.

Was dann aber kam, hat mich ganz fertig gemacht. Mein Mann mußte übers Wochende auswärtsfahren, um einem Schwager beim Hausbau zu helfen. Ich war mit meinen drei Mädchen alleine zu Hause. Da kam dieser Mann am Freitagabend zu uns und sagte: „Ich habe ihn; es ist ein blonder Mann, etwa 35 Jahre alt! Er kommt an diesem Wochenende an Ihre Haustüre!" Damit hat er mich ganz fertiggemacht. „Hoffentlich kommt niemand!" Immer, wenn es geklingelt hat, habe ich gebetet, hoffentlich ist es kein Verwandter! Ich war fix und fertig. Als mein Mann dann am Sonntagabend heimkam, bat ich ihn sofort: „Sei so gut und geh zu diesem Mann! Ich möchte nie mehr etwas von ihm hören! Die Polizei soll den Täter finden." Und sie hat ihn ja dann auch gefunden.

Als dann alles herausgekommen ist, als der Mann festgenommen worden war, als dann die Gerichtsverhandlung stattfand, das Urteil „lebenslänglich" gesprochen wurde, da haben wir immer mehr begriffen, daß unsere Sabine tot ist, daß sie nie mehr kommen wird ... Und da ist natürlich Gott ins Spiel gekommen. Der liebe Gott, der so etwas zuläßt. Da ist beinahe der Himmel heruntergekommen. Ich habe dann auch eine Zeitlang kein Vaterunser mehr beten können. Ganz bewußt nicht. Ich habe einfach nicht sagen können: „Dein Wille geschehe!" Das war eine schlimme Erfahrung für mich. Der Tod eines Kindes, das ist schlimmer als die schlimmste Armut, die größte Not, die ich mir vorstellen kann.

„Das soll der gnädige und barmherzige Gott sein, der so etwas zuläßt, der meine Tochter geradezu in die Arme ihres Mörders laufen ließ, ihr gar keine Chance gab!" „Das soll der Gott sein, zu dem ich seit Kindestagen gebetet habe, dem ich mein Leben anvertraut habe?" Und nicht nur mein Leben. Ich erinnerte mich wieder an einen Tag, kurz nach der Geburt von Sabine. Ich war mit dem Kinderwagen unterwegs und kam mehr zufällig als absichtlich an einer kleinen Kirche vorbei. Es zog mich hinein. Aus einem kindlichen Gottvertrauen heraus bin ich mit dem Kinderwagen vor den Altar gefahren und habe mein Kind Gott Vater anvertraut. „Hilf mir, daß ich es recht mache; hilf diesem Kind, daß es ein guter Mensch wird; bügle meine Fehler aus, bringe es auf die rechte Bahn, wenn es zu scheitern droht!" So ungefähr habe ich damals gebetet. Und ich habe daran geglaubt, daß diese Gebete mehr Sinn haben als die beste Lebensversicherung. Gott wird es schon recht machen.

Und jetzt kam so ein Unglück über unsere Familie. Da kam mein Glauben arg ins Wanken. Da wurde all das auf die Probe gestellt, was ich in meinem Elternhaus erfahren hatte. Ich bin nämlich in diesem Glauben aufgewachsen, mein Mann auch. Meine Mutter hat uns immer biblische Geschichten vorgelesen. Und wir haben es gesehen an ihrem Beispiel und an ihrem Handeln Tag für Tag, daß sie aus diesem Glauben ihre ungeheure Kraft schöpfte. Und vor allem die täglichen Gebete. Manchmal wurde es uns wirklich zu viel. Da wurde oft nach dem Essen sehr lange gebetet. Für den ein Vaterunser und für den Kirchenpatron aus der Heimatgemeinde meines Vaters ein Vaterunser und für den Verstorbenen und für jenen. Wir Mädchen wollten doch in die Küche zum Abwaschen, die Arbeit auf dem Feld mußte ja auch noch getan werden. Und dennoch, ich habe vieles übernommen. Da auch mein Mann aus einem gut katholischen Elternhaus stammt, war das in unserer Ehe selbstverständlich.

Meine Schwester hat die religiöse Haltung unserer Mutter noch stärker übernommen. Ich bin davon überzeugt, daß sie all das noch mehr praktiziert und verwirklicht in ihrem Leben. Sie war es dann auch, die uns in dieser Lage sehr geholfen hat. Als sie von dem Mord erfahren hat, war sie sofort zur Stelle. Sie ließ 14 Tage lang ihre Familie alleine und war bei uns. Also das muß ich sagen, kein Mensch hat so geheult wie sie. Sie hat sich ganz und gar mit hineingestellt in unser Unglück. Sie konnte nicht zu Hause sitzen und abwarten, wie das nun wohl weitergehen würde, sie hat uns am meisten geholfen.

Aber in meiner tiefsten Not hat mir am Anfang niemand helfen können. Alles ist in mir zusammengebrochen. Da habe ich erst gemerkt, wie leichtfertig ich immer gebetet habe: „Dein Wille geschehe!" Wie klein war ich nun, als es jetzt wirklich darum ging, diesen Willen geschehen zu lassen. Meine Schwiegermutter hat diese Not verstanden. Auch zwei Schwestern meines Mannes, die zusammen in einem Kloster leben, wollten mir aus dieser Not heraushelfen. Sie überzeugten mich, an Exerzitien teilzunehmen. „Das wird dir bestimmt gut tun!" So dachten und sagten sie. Ein halbes Jahr war bereits nach dem Mord vergangen, ich war immer noch am Boden zerstört. So bin ich eben hingegangen. Das Thema der Exerzitien war geradezu auf mich zugeschnitten. „Gott Vater, der Gnädige und Barmherzige!" In jedem Vortrag ging der Priester auf die Güte unseres Gottes ein. Anhand von zahllosen Beispielen hat er uns aufgezeigt, wie oft Gott Vater gnädig war und die Menschen vor diesem oder jenem Unglück bewahrt hat. Bei diesen Beispielen ging es nie um einzelne Menschen. Immer ist einer verschont geblieben, dafür mußte dann ein anderer sterben. Ein Beispiel, eines von den letzten, denn da war das Maß für mich voll, da ist nichts mehr in mich hineingegangen: Es war im Zweiten Weltkrieg. Ein Major war mit seinem Fahrer in der Nähe der Front. Plötzlich hat ihn eine innere Stimme – der Priester meinte: „Das war der gnädige Gott!" – davor gewarnt, weiterzufahren. Er ist ausgestiegen und wurde damit vom Tod bewahrt. Der Fahrer ist weitergefahren, fuhr auf eine Bombe und starb jämmerlich. Über die wunderbare Rettung des Majors hat der Priester lange Ausführungen gemacht. Den Fahrer und sein Schicksal hat er mit keinem weiteren Wort erwähnt. Er hat in all seinen Beispielen nur über die gesprochen, die gerettet wurden. Die anderen interessierten nicht, die paßten nicht zum Thema der Exerzitien.

Das habe ich bald nicht mehr ertragen können. Wenn ich nur noch Gott gehört habe und Gnade und Barmherzigkeit, dann hat alles in mir gekocht. Ich wollte eigentlich gleich am ersten Tag wieder abreisen. Aber ich hatte kein eigenes Auto dabei, und man paßt sich ja zumindest anfangs immer noch an. So lange es eben geht. Als dann am dritten Exerzitientag alle Teilnehmer zur Beichte eingeladen wurden, dachte ich bei mir: „So wie es in mir aussieht, kann ich nicht zur Beichte gehen!" Ich konnte ja nicht auf der einen Seite das Wort Gott nicht einmal hören, geschweige in den Mund nehmen, auf der anderen Seite aber den Leib Christi empfangen.

Einfach so in die Reihe stehen, nur damit ich nicht auffalle, das war bei mir nicht drin. Da habe ich mich entschlossen, dem Priester, der auch gleichzeitig Beichtvater war, gründlich meine Meinung zu sagen. Das habe ich dann auch getan. Der war regelrecht schockiert. „Wie kommen Sie dazu, anzuzweifeln, daß Gott barmherzig ist?" Heute ist mir schon klar, daß ich ihn schockiert habe. Aber damals war ich fix und fertig. Ich habe einfach hinausgeschrien: „Unsere Tochter Sabine hat man ermordet!" Das habe ich so richtig knallhart gesagt. Und was der geantwortet hat! Der sagte ganz fromm: „Danken Sie dem

Herrn für dieses Leid!" Da hat mein Körper förmlich gebrannt. Ich bin mir vorgekommen, als wäre ich eine offene Wunde, als wäre ich Ackerboden, über den der Pflug geführt wird. Ich kann das Gefühl gar nicht in Worte fassen. Es war das allerschlimmste Gefühl, das ich jemals hatte. Von der Liebe Gottes verlassen zu sein, nicht mehr beten können. Ich war völlig hilflos. Und da sagt der: „Danken Sie für dieses Leid!" Ich habe gewünscht, die Decke möge über mir zusammenbrechen, damit ich nichts mehr sehen und denken müsse. Und ich dachte auch, das müsse jeden Augenblick passieren. Ich hatte das Gefühl, aufstehen und mit einem rasenden Tempo gegen die Wand rennen zu müssen. Nur damit mir das in den Kopf reingeht.

Das war nicht nur der Schmerz über den Verlust unseres Kindes. Darum wahrscheinlich dieser ungeheure innere Aufruhr. Mein Gottvertrauen ist wie ein Kartenhaus zusammengefallen. Ich habe von ganz unten anfangen müssen, ganz, ganz unten.

Damals bin ich aus dem Beichtstuhl gestürmt, mehrmals um die ganze Klosteranlage gegangen, mehr geirrt als gegangen und dann endlich in der Klosterkirche angekommen, wo ich mich hinsetzte und erst einmal innerlich weiterschrie. In dieser Kirche hängt ein Kreuzbalken mit einem sehr großen Christuskörper. Den habe ich immer wieder angeschaut. So schräg von unten. Immer nur ganz kurz. So etwa mit dem Gedanken: „Du hast mir auch nicht geholfen, auf dich kann ich mich auch nicht mehr verlassen." Plötzlich wurde ich ganz ruhig. Ich kann mir diese Ruhe heute noch nicht erklären. Plötzlich diese Ruhe nach diesem ungeheuren inneren Kampf. Ich konnte plötzlich mit diesem Christus sprechen. Ich konnte wieder beten. Aber es war ein anderes Beten. Seit damals ist mein Beten ein anderes Beten. Es ist voller Vertrauen, aber auch voller Klarheit, daß es sein Wille ist, der geschieht, immer wieder.

Seit diesem Tag weiß ich eines auch ganz gewiß: den Glauben zu verlieren wäre das allerschlimmste, was mir passieren könnte. Man könnte uns das Haus nehmen, das wir selber aufgebaut haben, die Familie sogar, aber wenn man mir den Glauben nähme, wenn man mich so entwerten könnte, wenn ich gottverlassen wäre, das wäre wirklich das allerschlimmste. Das wäre noch schlimmer als der Mord an unserem Kind.

Was vorher Gott Vater gewesen war, wurde jetzt Jesus Christus. Wir Christen müssen ja eigentlich davon ausgehen, daß Gott in drei Personen existiert. In Gott Vater, in Jesus Christus und im Heiligen Geist. Aber ich spreche immer ganz konkret zu Einem. Früher immer zu Gott Vater, lange Zeit dann nur noch zu Jesus Christus. Seit dieser Glaubenserfahrung in der Klosterkirche. Aber ich habe das Vertrauen zu Gott Vater zurückgewonnen. Ein guter Mensch hat mir dabei die entscheidende Hilfe gegeben. Mein Mann und ich sind überhaupt immer wieder Menschen begegnet, die uns weitergeholfen haben. Damals kam im Fernsehen eine Serie mit dem Titel: „Warum Christen glauben!" Wir haben diese Sendung immer angesehen, nahmen auch an den jeweiligen Gesprächskreisen teil, die in unserer Gemeinde nach den einzelnen Sendungen angeboten wurde. Es war an einem Jahrestag der Ermordung unserer Tochter, als wieder eine Sendung in diesem Gesprächskreis besprochen wurde. Es ging dabei um folgendes Problem: Eine hochschwangere Frau wird in bewußtlosem Zustand in eine Klinik gebracht. Sie war mit ihrem Mann unterwegs, als dieser in betrunkenem Zustand einen Autounfall verursachte. Der Mann und der Fahrer des anderen Autos waren auf der Stelle tot, die Frau wurde schwer verletzt und alle bangen jetzt um das Leben ihres noch ungeborenen Kindes. Es muß durch einen Kaiserschnitt vorzeitig geholt werden, ist aber nicht mehr zu retten und stirbt. Da haben mein Mann und ich Angst gehabt vor dem nächsten Gesprächsabend. Hoffentlich fragen die uns nicht nach den Erfahrungen, die wir beim Tod unserer Tochter gemacht haben. Wir haben uns vorgenommen überhaupt nichts zu sagen. Der Tag, an dem abends dieses Nachbereitungsgespräch stattfinden sollte, war ein schwerer Tag für mich. Es war ein Freitag, ich weiß es noch genau. Der Jahrestag! Wir hatten damals noch ein Krautland außerhalb des Dorfes. Dort arbeitete ich morgens. Um 11 Uhr läuteten wie üblich die Kirchenglocken. Da habe ich wie gewohnt mein Freitagsgebet gesprochen. Dabei kam ich wieder mit Gott ins Gespräch: „Also weißt du, dich habe ich mir auch anders vorgestellt, so gut bist du gar nicht, vor dir muß ich mich schwer in acht nehmen!" Auf einmal kam mir der Gedanke – irgendwie – ich weiß auch nicht woher – der Gedanke war einfach da: „Was bedeutet schon der Tod der Sabine, wenn Gott seinen Sohn am Kreuz hingibt?" An jenem Freitag habe ich mich zum erstenmal gefragt: „Ist das Liebe, wenn man jemanden hingibt als Opfer?"

Abends war dann das Nachbereitungsgespräch im Gemeindehaus. Da ist die Gesprächsleiterin überhaupt nicht auf das eingegangen, was in der Fernsehsendung gekommen war. Sie hat das Gleichnis vom verlorenen Sohn behandelt. Dieses Gleichnis habe ich zuvor schon hundertmal gehört, aber nie verstanden. Ich war auch immer der Sohn, der aufbegehrt, der die Barmherzigkeit des Vaters nicht verstehen kann. An jenem Abend hat mich dieses Gleichnis getroffen, mitten ins Mark. Da habe ich mich auf einmal ganz losgelassen. Und dabei habe ich ein neues, mein jetziges Gottesbild gewonnen. Da ist es mir aufgegangen: „Gott handelt so!"

Wir Menschen können das ja fast nicht nachvollziehen. Der Vater freut sich und hält schon die Arme auf, als der Sohn noch weit weg ist. Diese wunderbare Barmherzigkeit gilt auch für den Mörder meiner Tochter. Wenn ich mir vorstelle, daß wir beide – er und ich – einmal vor unseren Schöpfer treten müssen und daß wir beide genau die gleiche Chance haben werden. Das ist für mich schon etwas ganz großes. Gott wird uns beide gleich annehmen, obwohl der andere so belastet ist. Als ich damals heimgegangen bin, nach diesem Abend, war ich so glücklich und froh, daß ich weinen mußte. Vor Glück. Jetzt hatte ich wieder ein Bild von Gott Vater. Jetzt konnte ich wieder zu ihm beten, mußte nicht mehr mit ihm hadern. Jetzt ist der Vater wieder zu einem barmherzigen, zu einem guten Vater geworden. Damit war auch die Versöhnung mit dem Mörder meines Kindes eingeleitet!

„Leiden und Lieben kann man viel,
es ist das Größte, was man auf der
Welt vermag:
man spürt, daß man leidet, aber nicht,
daß man geliebt wird; aber man weiß,
daß man lieben möchte!"

Peter

Ich war schon immer das schwarze Schaf

Peter berichtet über sein Leben

Was gibt es viel zu schreiben? Ich bin als drittältester Sohn im Jahr 1955 in einer kleinen Stadt im Schwarzwald geboren worden. Wir waren insgesamt sieben Kinder. Mein Vater hat gearbeitet, so viel und so oft er nur konnte, meine Mutter ist heute noch eine 150%ige Hausfrau. Meine Brüder und meine Schwestern haben sich nie etwas zuschulden kommen lassen. Nur ich bin das schwarze Schaf, der schwache Punkt in unserer Familie. Warum nur?

Wenn es darum geht, dann gibt es viel zu schreiben. Für mich ist das eine endlose Geschichte. Ob ich und andere die ganze Wahrheit herausbringen werden, weiß ich nicht. Ich habe ein Leben lang Zeit dazu, viel Zeit. Diese Zeit hat man mir gegeben; ich bin daran, mich einzurichten. Auf diese Zeit, auf diese Wahrheit, auf mein Leben.

Mein erstes Zuhause, an das ich mich entsinne, war ein ehemaliges Bauernhaus in unserem Dorf. Damals war ich vielleicht vier oder fünf Jahre alt, es war Fastnacht.

Meine Mutter hatte mir ein selbstgefertigtes Cowboy-

Kostüm angezogen. Da lag noch Schnee. Wir haben uns hinter den Sträuchern im Garten versteckt, uns gegenseitig angeschlichen, wie bei Karl May, und aufeinander geschossen, sofern wir genügend Munition für unsere Spielzeugpistolen hatten. Es hat uns aber auch Spaß gemacht, wenn wir nur „peng-peng" schreien konnten. Da waren wir mutig. Nachts aber, wenn die Eltern nicht da waren, was selten vorkam, da war es aus mit unserem Mut. Einmal gingen unsere Eltern abends zu irgendeiner Versammlung. Meine älteren Geschwister und ich haben schon fest geschlafen. Einer von uns muß schlecht geträumt haben, ist aufgewacht und hat die anderen auch gleich geweckt, damit wir zusammen im Dunkeln zu Mama und Papa ins Schlafzimmer gehen konnten. Jeder hatte alleine nämlich Angst. Im Schlafzimmer unserer Eltern mußten wir feststellen, daß sie nicht da waren. Nun ging die Flennerei los, während wir die ganze Wohnung nach den Eltern absuchten und sie doch nicht fanden. Die Angst, alleine zu sein, wurde immer größer, die Flennerei immer lauter. Im Wohnzimmer haben wir einen Stuhl ans Fenster gestellt, sind hochgeklettert und haben es geöffnet. Jetzt haben wir mit unserem Schreien die ganze Nachbarschaft alarmiert. Es war schon gegen 22.00 Uhr. Einer von unseren Nachbarn ging nach langem Hin und Her endlich los, um wenigstens einen Elternteil von der Versammlung zu holen. Sonst hätte unser Schreien kein Ende genommen. Ich glaube, unsere Mutter ist nach Hause gekommen. Kaum war sie im Zimmer, haben wir aufgehört zu schreien. Denn nun war ja alles wieder in Ordnung, wir waren nicht mehr allein.

Wenn unsere Eltern bei der Arbeit waren, haben sie uns zuvor zu Opa und Oma gebracht. Ich kann mich noch sehr gut an Opas Hühner- und Hasenzucht erinnern. Auch mein Vater hatte eine Hasenzucht mit mindestens 80 Hasen. Da habe ich am liebsten immer mit den jungen Hasen gespielt. Zu dieser Zeit hat mir mein Vater auch gezeigt, wie man Dompfaffen, Kohlmeisen und Spatzen mit einer großen Obstkiste oder einem großen Karton fangen kann. Das war zu dieser Zeit das Schönste, an das ich mich überhaupt erinnere.

Bald darauf sind wir in den Kindergarten gekommen, mein Bruder und ich. Am Anfang wurde ich öfters mit vollgemachten Hosen nach Hause geschickt. Einmal war ich mit meiner Mutter in der Kirche, und während des Gottesdienstes hätte ich aufs Klo müssen, doch meine Mutter bat mich inständig: „Verdrück's, bis nach der Kirche!" Ich gab mir auch die größte Mühe, leider vergebens. Aus Angst habe ich meiner Mutter nichts gesagt, daß ich die Hosen voll hatte. Doch nicht lange danach hat sie selbst gerochen, was mir schon lange peinlich war. Danach war ich halt nur noch der „Hosenscheißer". Dieser Name hat mir ganz und gar nicht gefallen!

Dann gab es Schwierigkeiten mit den Mandeln und den Polypen. Da mußte ich für längere Zeit ins Krankenhaus der nahegelegenen Kreisstadt. Das schlimmste von allem waren nicht die Mandeln oder die Polypen, sondern die Tatsache, daß ich bei lauter alten Männern liegen mußte. Fünf alte Männer waren es. Ich weiß es noch genau. Da ich das erstemal von zu Hause weg war, hatte ich riesiges Heimweh. Deshalb habe ich auch die ganze Zeit geweint. Diese alten Knacker haben mir nämlich immer Angst gemacht, indem sie sagten: „Wenn du nicht aufhörst mit der Plärrerei, dann holen dich deine Eltern gar nicht mehr ab." Das war in meinen Kinderjahren mein schlimmstes Erlebnis.

Als mein Opa dann bald gestorben ist, durfte ich nicht mit zur Beerdigung, weil es geheißen hat: „Da bist du noch zu jung!" Mein Opa ist nämlich bei einem Verkehrsunfall ums Leben gekommen. Für mich ist damals eine Welt zusammengebrochen. Denn dieser Opa hatte immer für uns Enkel Zeit. Wenn er keine Zeit hatte, hat er sich eben die Zeit genommen und hat mit uns gespielt. Wir hatten zwar immer noch einen Opa, aber mit dem sind wir nie zurecht gekommen. Zu dieser Zeit sind wir auch das erstemal umgezogen, in die nahegelegene Kreisstadt. Dort bin ich auch in die Schule gekommen.

Doch zuvor und in den ersten Klassen habe ich noch manches erlebt. Meine Brüder und ich waren ja immer unterwegs, um unsere Umgebung kennenzulernen. Am liebsten haben wir uns auf dem Müllplatz aufgehalten, wo wir alles durchstöbern konnten. Die großen Kartons von den Kühlschränken oder Waschmaschinen haben wir als Panzer benutzt. Damit haben wir die Brennesseln oder das hohe Gras niedergewalzt. Außerdem haben wir dort viele Blindschleichen gefangen, die wir in Gläser gesteckt und mit nach Hause genommen haben. Wenn es dann immer zu viele geworden sind, hat sie unsere Mutter den Gänsen unseres Nachbarn rübergeworfen. Die haben sie mit Wollust gefressen. Manchmal haben wir die kleinen Schlangen, vor denen wir überhaupt keine Angst hatten, einfach in unser Hemd gesteckt, wo sie zwischen Hemd und Körper herumgekrabbelt sind. Das hat zwar gekitzelt, uns aber nichts ausgemacht.

Am Anfang des 1. Schuljahres hat mich meine Mutter immer auf dem etwa zwei Kilometer weiten Schulweg begleitet. Später bin ich dann alleine gegangen, habe aber ziemlich lange gebraucht, bis ich dann wieder zu Hause war, nachdem die Schule zu Ende war. Das besserte sich dann von alleine, als wir wieder in unser Dorf zurückzogen. Das war kurz vor der Versetzung in die 2. Klasse. Da in unserem Dorf damals nur ein altes Schulhaus zur Verfügung stand, wurden mehrere Klassen in einem Raum unterrichtet, was zur Folge hatte, daß dauernd ein riesiges Durcheinander herrschte. Unser Lehrer mußte regelmäßig Tatzen oder Hosenspanner austeilen. Wie es anders nicht sein konnte, war ich fast immer einer von denen, die wegen Störung des Unterrichtes oder wegen nicht gemachter Hausaufgaben Schläge bekamen.

In dem Haus, in dem wir wohnten, war so manches geboten. 8 Familien wohnten hier. Über uns wohnte eine Familie, deren Vater ein Säufer war, und darüber eine Witwe mit ihrem Sohn. Außerdem wohnte noch ein älteres Ehepaar dort und eine Familie mit einer Tochter, etwa in meinem Alter. Das war die Doris, der ich schon damals den Hof machte, doch nie bei ihr landen konnte. Weil sie gemeint hat, sie wäre etwas Besseres. Am besten verstanden habe ich mich mit Hans, dessen Vater der Säufer war. Sein Vater hat uns auch öfters zum Bier- oder Schnapsholen geschickt. Wenn wir ihm dann das Zeug gebracht hatten, zog er sich immer in den Keller zurück, wo wir ihn durch das Kellerfenster beobachten konnten.

Als ich zehn war, haben mein älterer Bruder und ich einmal eine Krähe aus ihrem Nest geholt und sie großgezogen. Der Vogel wurde aber so frech, daß er den anderen Kindern, die im Haus wohnten, das Butterbrot aus den Händen geklaut hat. Da er immer frecher wurde, mußten wir ihn weggeben. Mein Onkel wußte einen Ausweg, so daß Blacky, so haben wir die Krähe genannt, am Leben bleiben konnte. Er kannte ein Munitionslager der Franzosen. Die dortigen Soldaten wollten Blacky als Maskottchen halten. Ich habe Blacky auf dem Arm getragen, als wir ihn bei den Soldaten abgaben. Wir mußten heulen, wußten aber, daß es so besser war. Die Soldaten haben mir versprechen müssen, daß sie gut für ihn sorgen, sonst hätte ich ihn wieder mitgenommen. Kurze Zeit später haben wir zwei junge Eichelhäher gefunden, die wir ebenfalls mit nach Hause genommen haben und in den Holzkeller sperrten. Diese wurden leider aber nie richtig zahm. Mein Vater konnte das nicht mehr mitansehen; da hat er Goldhamster für uns gekauft. Die haben wir zuerst in unserem Zimmer gehalten. Als sie sich dann schnell vermehrt hatten und es einfach zu viele wurden, haben wir einen großen Käfig gebaut. An den kleinen Tieren hatten wir große Freude. Am schönsten war es beim Füttern. Da haben sie sich so richtig die Backen vollgestopft, daß man meinen konnte, jetzt zerreißt es sie gleich. Wir hatten auch mal einen Waldkauz, der flügellahm war. Den haben wir gepflegt, bis er gesund war. Dann ist er uns abgehauen. Außer den Tieren, die wir Kinder hatten, hielt mein Vater noch lange Zeit Tauben, Hühner und Hasen. Wenn man welche geschlachtet hat, war ich fast immer dabei. Den Tauben durfte ich öfters den Hals umdrehen. Das hat mir sehr gefallen, da ich es genausogut konnte wie mein Vater. Einmal durfte ich sogar einen Hasen schlachten, doch das hat nicht so gut geklappt wie bei Vater.

In der Schule ging es dagegen nur so recht und schlecht. Ich hatte einfach keine Lust zum Lernen, vor allem haben mir die Hausaufgaben gestunken. Die habe ich so gut wie nie gemacht. Für nichtgemachte Hausaufgaben hat es zwar Strafarbeiten gegeben, die ich aber genausowenig gemacht habe. Das fing schon an, als ich in der 5. Klasse war. Da bekamen wir einen neuen Lehrer. Der hatte eine ganz bestimmte Methode zu strafen: Zuerst in die Backen kneifen und dann während des Kneifens die Hände drehen. Das hat immer fürchterlich weh getan. Auch unser Pfarrer hatte so eine doofe Angewohnheit: Er hat immer an den Koteletten gezogen. Den Pfarrer konnte ich nie so richtig leiden, da er mir während der Religionsstunde immer Vorträge gehalten hat: Warum gehst du nicht in die Kirche, warum redest du in der Kirche immer mit anderen, statt zu beten! Aber warum hätte ich beten sollen, wenn mich die ganze Kirche mit ihrem Darumherum sowieso nicht interessierte? Und außerdem mußte ich von zu Hause aus immer in die Kirche gehen. Sonst hätte es Prügel gegeben.

Als ich etwa 13 Jahre alt war – mein älterer Bruder, ich und der Junge, dessen Vater der Säufer war, spielten mal wieder wie so oft Tarzan – passierte es. Hans sprang gerade von einem Ast zum anderen, verfehlte ihn aber und stürzte ab. Er konnte sich zwar noch an einem anderen Ast festhalten, doch es fehlte ihm die Kraft, sich wieder hochzuziehen. Mein älterer Bruder, der gerade über ihm war, versuchte noch an ihn heranzukommen. Doch während er nach ihm greifen wollte, um ihn hochzuziehen, verließen Hans die Kräfte in den Fingern und er stürzte aus einer Höhe von 6 oder 7 m in die Tiefe. Unten angekommen, brach er sich den rechten Oberschenkel gleich zweimal und war bewußtlos. Im ersten Moment wußten wir gar nicht, was wir jetzt tun sollten. Mein älterer Bruder hat dann gesagt: „Ich bleibe beim Hans, hol Du Hilfe!" Ich rannte also los, als ob der Leibhaftige hinter mir hergewesen wäre. Ich glaube, ich bin in meinem ganzen Leben zuvor und danach nie mehr so schnell gelaufen wie damals. Über einen Kilometer hatte ich zurückzulegen. Zuerst bin ich zur Mutter des Verunglückten gerannt und habe ihr gesagt, was passiert war; dann gings weiter zur Tankstelle, damit von dort aus der Krankenwagen zur Unfallstelle gerufen werden konnte. Ich glaube, ich habe damals die 1200 m vom Unfallort bis ins Dorf in etwa 5 Minuten geschafft. Wochen später bin ich die gleiche Strecke noch einmal gerannt. Da habe ich es auf 7 Minuten gebracht. Ich hätte nie gedacht, daß ein Notfall einen Menschen zu einer solchen Kraftanstrengung herausfordern könnte.

Als man zu Hause von dem Unfall erfahren hatte,

wurde uns Buben strengstens verboten, nochmals in die Äste zu steigen. Dieses Verbot haben wir auch eine ganze Zeitlang eingehalten. Wir hatten nämlich schon wieder etwas Neues entdeckt, mit dem wir uns beschäftigen konnten. Diesmal ging es nicht in die Bäume, sondern unter die Erde. Wir hatten eine Höhle entdeckt, die zu einem unterirdischen Keller führte, in welchem Äpfel, Birnen und Kartoffeln aufbewahrt wurden. Wir mußten zwar den Durchgang noch erweitern, damit man bequem durchkriechen konnte, dafür gab es dann aber auch einiges zu naschen. Ich habe mich besonders gerne über die Birnen hergemacht, aber die Äpfel waren auch nicht zu verachten. Im Jahr darauf bin ich mit einem Schulkameraden bei einem Bauern in den Vorratskeller eingestiegen. Dort haben wir Schnaps und Likör herausgeholt. Dann sind wir mit dem Zeug in Richtung Baggersee gegangen, haben einen Teil davon getrunken, den größten Teil aber in einem großen Gebüsch versteckt. Da es sich um hochprozentigen Alkohol gehandelt hat, brauchten wir nicht viel zu trinken, um gut angeheitert zu sein. In unserem Zustand haben wir Kühe auf den in der Nähe gelegenen Weiden gejagt. Durch das Rennen hat der Alkohol noch mehr gewirkt. Zu Hause habe ich dann erzählt, wir hätten Kühe eingefangen, die aus der Weide ausgebrochen seien und hätten dafür von einem Bauer ein Vesper und Most bekommen. Was natürlich nicht gestimmt hat.

Das nächste, was ich anstellte, war ein Diebstahl. Mein ältester Bruder und Willi haben auch mitgemacht. Wir haben der Mutter eines Schulkameraden Geld gestohlen, um Mickymausheftchen zu kaufen. Das Geld mußten wir stehlen, weil wir zu wenig Taschengeld von unseren Eltern bekommen haben. So haben wir es jedenfalls damals gesehen. Dieser Diebstahl wurde aber schnell aufgedeckt. Er hat uns eine gehörige Tracht Prügel unseres Vaters eingebracht. Bei meinem Bruder haben die Prügel besser gewirkt als bei mir. Ich habe weitergemacht, d.h., ich habe angestellt, was anzustellen war. Damals habe ich angefangen, im Keller, wo mich keiner gesehen hat, Vaters Bier wegzutrinken. Immer nur eine Flasche, so daß es Vater nicht auffallen konnte. Und wenn ich genug Geld hatte, das entweder von meinem Taschengeld oder aus Mamas Geldbeutel oder auch aus den Sparbüchsen meiner Geschwister stammte, bin ich in die Gaststätte ‚Rössle', die lange Zeit über meine Stammkneipe war, gegangen und habe dort Bier getrunken. Da der Wirt und die Wirtin nicht danach gefragt haben, ob ich schon 16 Jahre alt sei oder nicht, gab es keine Probleme. Denen ging es nur ums Geld. Ob es vom Gesetz her erlaubt war oder nicht, war ihnen egal. Hauptsache war, daß das Bier bezahlt wird. Es war nicht so, daß ich alleine Bier und ab und zu mal einen Schnaps getrunken hätte, nein, meine Alters- und Schulkameraden haben genauso Bier getrunken wie ich, nur ich habe halt immer etwas mehr getrunken als die anderen. Ich kam mir halt immer größer und stärker vor als die anderen, wenn ich mehr vertrug als sie. So hat es mir auch unheimlich gefallen, wie ein Großer am Stammtisch zu sitzen. Ich habe auch bald angefangen zu rauchen. Nur wenn mein Vater oder ein Onkel in der Nähe waren, habe ich Cola getrunken und das Rauchen solange bleiben lassen.

Leider habe ich so gut wie nie Geld gehabt, um Zigaretten zu kaufen. Deshalb habe ich immer, wenn ich für Mutter einkaufen mußte, in dem Laden ein paar Schachteln geklaut. Am leichtesten war es für mich, wenn ich Brot holen mußte. Denn der Laden war nicht groß genug, um das Brot im Verkaufsraum aufbewahren zu können. So mußte die Ladenbesitzerin immer in einen Hinterraum gehen, um dort das Brot zu holen. Das habe ich ausgenutzt und immer gleich 3 oder 4 Schachteln auf einmal eingesteckt. Angst, dabei erwischt zu werden, hatte ich eigentlich nie, da ich mir wie ein Profi vorkam. Ich habe sogar meine Schulkameraden mitversorgt. In diesen Jahren waren die Zigaretten auch noch recht billig. Da hat es noch 11er-Packungen für 1,– DM gegeben. Eine Schachtel war aber auch schnell geraucht, so daß ich bald wieder welche kaufen oder klauen mußte. Am besten war es, wenn ich für einen Erwachsenen Zigaretten holen mußte. Da habe ich diese Schachteln auch geklaut, das mitgegebene Geld aber anschließend versoffen.

Einmal habe ich mit einem Schulkameraden an einem Neubau Spezialkitt von den frisch eingebauten Fenstern abgekratzt. Aus dem Kitt haben wir uns Masken geformt und aufgesetzt. Damit sind wir dann durchs Dorf gegangen. Zu unserem Pech wurden wir beim Kittabkratzen beobachtet. Die Frau, die es gesehen hat, hat es gleich meinem Vater gemeldet. Und das schon, bevor ich an diesem Tag zu Hause war. Ich bin nichtsahnend nach Hause gekommen. Mein Vater hat mich gleich geschnappt und ins Badezimmer gezerrt. Da habe ich die schlimmsten Prügel meines Lebens erhalten. Er nahm den Teppichklopfer und schlug zu, ohne sich zu überlegen, wo es mich treffen sollte. Nach fünf oder sechs Schlägen ging zu meinem Glück der Teppichklopfer zu Bruch. Mein Vater hatte daneben geschlagen und dabei das Waschbecken getroffen, was der Teppichklopfer nicht ausgehalten hat. So rasend habe ich meinen Vater noch nie erlebt. Wenn meine Mutter nicht endlich dazwischengegangen wäre, weil sie es nicht mehr mitansehen konnte, hätte mich mein Vater krankenhausreif geschlagen. An diesem Tag und Tage danach habe ich meinen Vater richtig gehaßt. Ich glaube, schlimmer kann man niemanden hassen. Tags darauf mußte ich mit meinem älteren Bruder zusammen im Keller Schuhe putzen. Da habe wir beide uns ausgemalt, was

Vater so alles passieren könnte, ohne daß wir auch nur eine Träne verlieren würden. Zu unserem Pech hat sich Vater dieses Gespräch mitangehört, ohne daß wir es merkten. Als wir mit dem Schuheputzen fertig waren, kamen wir wieder hoch in die Wohnung. Wir haben gleich gemerkt, daß irgend etwas nicht stimmt. Vater saß im Wohnzimmer und hat uns keines Blickes gewürdigt. Mutter stand in der Küche und weinte. Wir wußten mit dieser Situation nichts anzufangen, also haben wir uns in unser Zimmer zurückgezogen. Nach ein paar Minuten kam dann Mutter aufs Zimmer und sagte uns unter Tränen, daß Vater unser Gespräch ungewollt mitangehört habe. Das war für uns ein schöner Schlag. Nun mußten wir uns überlegen, wie wir das wieder ins reine bringen konnten. Den schlimmsten Satz habe ich geäußert, und der war, daß Vater meinetwegen sterben könne, ohne daß es mir etwas ausmachen würde. Dieser Satz war für Vater einfach zuviel. Im Grunde genommen meinte ich das gar nicht so, wie ich das gesagt habe. Aber wir haben uns in unsere Wut so hineingesteigert, daß mancher Satz ungewollt über unsere Lippen kam. Nun hat uns Mutter aufgefordert, mit Vater darüber zu reden und uns bei ihm zu entschuldigen. Zuerst hatten wir große Zweifel, ob dies etwas nützen würde. Doch Mutter sagte: „Probiert's wenigstens!" So nahmen wir unseren ganzen Mut zusammen und gingen zu Vater ins Wohnzimmer. Erst wußten wir gar nicht, wie wir anfangen sollten. Da hat Vater den Anfang gemacht und gefragt, was wir auf dem Herzen hätten. Nun, da haben wir dann angefangen, stockend, daß es uns leid täte, daß wir es in Wirklichkeit gar nicht so gemeint hätten und ob er uns noch einmal verzeihen könnte. Er hat Gott sei Dank gleich zugestimmt und uns verziehen. Zu mir hat er dann auch gesagt, es sei ihm der Gaul durchgegangen, als er mich geschlagen habe. Ich hätte immer gesagt: „Ich war es nicht, du kannst mich totschlagen, ich war es nicht!" Das hätte ihn am meisten aufgeregt. Sonst hätte er sich nicht so vergessen.

Ich konnte nach dieser „Bearbeitung" durch meinen Vater nicht zur Schule gehen. So ramponiert habe ich ausgesehen. Meine Mutter mußte sogar eine Entschuldigung an den Lehrer schreiben. Erst nach einer Woche konnte ich wieder die Schule besuchen. Ich hatte zwar noch einige blaue Flecken am Körper, aber diese wurden durch die Kleidung versteckt. Für mich war das eine richtige Erholungswoche, da ich die Schule sowieso am liebsten aus der Ferne angeschaut habe. Ich bin nie gerne in die Schule gegangen. Genauso waren die Hausaufgaben und das Lernen auf eine Klassenarbeit ein Greuel für mich. Je mehr ich auf eine Klassenarbeit gelernt habe, desto weniger wußte ich, wenn wir sie geschrieben haben. Ich habe es in der Schule sogar soweit getrieben, daß mich meine Lehrer von meinen Klassenkameraden absonderten. Ich mußte in der letzten Bank sitzen, ganz alleine, das war das sogenannte Eselbänkchen. In der 6. Klasse bin ich sogar meiner Faulheit wegen sitzengeblieben. Meine Lehrerin sagte einmal zu mir, ich hätte spielend in die nächste Klasse versetzt werden können, wenn ich nur gewollt hätte. Wörtlich sagte sie: „Dumm bist Du nicht, aber stinkfaul." So mußte ich halt die 6. Klasse wiederholen. Abgegangen von der Schule bin ich dann in der 8. Klasse.

Als ich im 8. Schuljahr war, haben meine Eltern mit dem Umbau des alten Bauernhauses der Großeltern begonnen. Wir älteren Buben mußten kräftig mithelfen. Für mich war dies nun wieder eine wunderbare Entschuldigung für nichtgemachte Hausaufgaben: „Ich habe gestern auf dem Bau helfen müssen!" So habe ich mich fast jeden Tag bei meinem Lehrer entschuldigt. Doch Zeit, um meine Hausaufgaben zu machen, haben mir meine Eltern genug gelassen. Zu ihnen sagte ich meistens: „Wir haben heute nichts auf!" Diese Lügen sind erst herausgekommen, als es dem Lehrer zu dumm wurde mit mir und er meinen Eltern einen blauen Brief schickte. Da gab es wieder ganz schön Trouble zu Hause.

Während des Umbaus haben mein älterer Bruder und ich schon am frühen Nachmittag Steine geschleppt, damit Vater am Abend nicht erst lange die Bausteine zum Mauern herbeiholen mußte. Am schlimmsten waren die Ferien. Da mußten wir jeden Morgen früh raus und bis spät in den Abend hinein helfen. Das hat mir gestunken. Wenn das Wetter besonders schön war und meine Kameraden zum Schwimmen an den Baggersee gingen, haben wir auf dem Bau geschwitzt. Wir hatten dafür leider nur sonntags Zeit. Außer, wenn wir mal auf Baumaterial warten mußten. Ich habe mir damals öfters gewünscht, daß das Material ausgehen möge. Ehrgeizig war ich trotzdem. Ich wollte immer genauso schwer und genauso viel arbeiten wie mein großer Bruder. Denn damals hatte es bei uns zu Hause schon immer geheißen: „Nimm dir ein Beispiel an deinem großen Bruder!" Dieser Spruch ging mir schon damals so gegen den Strich, daß ich oft genau das Gegenteil davon machte. Dann hat es halt geheißen: „Du bist zu nichts zu gebrauchen, du bist die Schande der Familie, sogar die jüngeren Geschwister können mehr als du!" Das konnte ich bald auch nicht mehr hören. Das war für mich das gleiche wie für einen Stier in der Arena das rote Tuch. Oft habe ich alles verflucht, und oft habe ich auch meine Wut an den kleineren Geschwistern ausgelassen. Ich konnte zwar selber nie begreifen, warum ich anders bin als die anderen, wollte aber um nichts in der Welt daran ewig und immer erinnert werden. Zu Hause wurde immer nur geschimpft. Das Warum und Wieso wurde nie besprochen.

Das war ein großer Fehler meiner Eltern. Das wissen sie heute natürlich auch.

Als das Bauernhaus dann renoviert war – schmuck hat es ausgesehen –, wollten wir älteren Buben, die so fleißig mitgeholfen hatten, jeder sein eigenes Zimmer. Doch das ging dann nicht, weil unsere Oma 2 Zimmer für sich brauchte. Als sie einmal für ein paar Tage im Krankenhaus war, habe ich mit einem Nachschlüssel ihren Wohnungsteil aufgeschlossen und ihre Wohnung unsicher gemacht. Obwohl ich oft von ihr Geld geschenkt bekam, habe ich mir nicht viel dabei gedacht, auf einen Rutsch 150,– DM zu klauen. Durch irgendeinen dummen Zufall ist mir meine Mutter auf die Schliche gekommen. Sie mußte für meine Oma Geld aus deren Ersparnissen ins Krankenhaus bringen, weil sie im Krankenhaus etwas Geld brauchte. Da war das Geld plötzlich nicht mehr da. Für meine Mutter war natürlich gleich klar, wer es genommen hatte. Wer war außer mir denn schon dazu fähig? Das hat natürlich wieder Schläge gegeben. So oft und so heftig wie ich hat keiner bei uns zu Hause Schläge bekommen. Keiner hat auch soviel Anlaß dazu gegeben wie ich. Heute würde ich sagen, die meisten Schläge habe ich zu Recht bekommen. Manchmal zuviel, aber manchmal auch zu wenig. Alles ist nämlich längst nicht herausgekommen. Wenn man sich vielleicht auch mal mit mir hingesetzt hätte und sich mit mir auseinandergesetzt hätte, dann wäre vieles nicht passiert. Aber Vater hat wahrscheinlich gedacht: Schläge sind für den am besten!

Das war nicht mehr normal

Als wir dann endlich mit der Schule fertig waren, gab es eine Entlassungsfeier, die für mich schon vorzeitig zu Ende war, weil ich so betrunken war, daß ich nicht mehr auszuhalten war. An diesem Abend habe ich mich in meinem Rausch wieder größer gefühlt, als ich in Wirklichkeit war. Schließlich mußte man mich nach Hause fahren. Ich konnte am nächsten Tag nicht mehr sagen, wer mich heimgefahren hat. Als ich die Schulzeit so „glorreich" abgeschlossen hatte, fragten mich meine Eltern, was ich nun werden wolle und was mir so vorschwebe? Da habe ich gesagt: „Ich will gleich richtig verdienen und nicht erst lange eine Lehre machen!" Außerdem wollte ich meinen Eltern helfen, die Umbaukosten für unser Haus abzuzahlen. So habe ich dann in der Möbelfabrik, in der auch mein Vater und mein älterer Bruder arbeiteten, angefangen. Von meinem Lohn mußte ich alles bis auf 250,– DM abgeben. Verdient habe ich am Anfang so ungefähr 1100,– DM. So viel wollte ich natürlich nicht abgeben, meiner Ansicht nach hätten 500,– DM auch genügt. Aber wie hätten meine Eltern auch sonst ihre Schulden abzahlen sollen. Mit den 250,– DM kam ich natürlich nicht weit. Ich war ja schon 16 Jahre alt und habe in meiner Freizeit einiges gebraucht. Vor allem Alkohol.

Nun kam die Zeit mit Freddy und Jack aus Berlin, die per Autostopp mit Zelt und Schlafsack unterwegs waren. Neben unserem Sportplatz haben sie sich niedergelassen. Dort habe ich mich dann jeden Abend herumgetrieben. Mir hat es mächtig imponiert, wie die so unbekümmert ihr Leben genossen haben. Bei denen hat sich bald die halbe Jugend unseres Dorfes getroffen. Das ging soweit, daß wir jeden Abend ein Saufgelage veranstaltet haben. Das Trinkmaterial, z. B. Most, Bier, Wein und Schnaps, haben wir uns aus verschiedenen Kellern, zu denen wir uns Zugang verschafft haben, besorgt. Wir haben sogar noch Jüngere angestiftet, Getränke aus den Kellern zu stehlen, deren Kellerfenster für uns zu klein waren. Das war z. B.

Friedbert, der regelmäßig einen 20-Liter-Kanister mit Most gebracht hat. Für den war kein Fenster zu klein.

Einmal sind wir ins nahegelegene Städtchen marschiert, um dort die Gegend ein wenig unsicher zu machen. Wir waren alle schon ein wenig angetrunken. Dort habe ich einen früheren Schulkameraden entdeckt, der gerade eine funkelnagelneue Honda mit wassergekühltem Motor vor einer Wirtschaft abstellte. Als er in der Wirtschaft verschwunden war, habe ich mir diese Maschine einmal näher angesehen. Als ich feststellte, daß sie sogar unverschlossen war, konnte ich mich nicht mehr beherrschen: „Da mußt du mal eine Proberunde drehen", habe ich mir gedacht. Und schon saß ich drauf, startete und raste los. Zuerst habe ich eine kleine Stadtrunde gedreht, bekam dann noch mehr Gefallen daran, raste in unser Dorf und von dort aus in Richtung Baggersee. Der Fahrtwind machte mich wieder einigermaßen nüchtern. Nun wollte ich das Moped wieder an seinen Platz zurückbringen. Ich hoffte, daß es noch nicht vermißt würde. Ich drehte also wieder um und fuhr in Richtung Städtchen zurück. Kaum war ich aus unserem Dorf, überholte mich ein alter VW-Käfer. Das konnte ich ja nicht auf mir sitzenlassen. Von einem VW-Käfer überholt zu werden. Die Maschine gab noch einiges her und los ging's. Doch der VW war schneller als ich gedacht hatte. Ich gab leider aber noch nicht auf. Am Stadtanfang gelang es mir dann tatsächlich doch noch, den Käfer zu überholen. Und als ich dann wieder auf die rechte Fahrbahnseite überwechseln wollte, erwischte ich in leichter Schräglage mit dem Vorderrad einen Schachtdeckel, der etwa 2 cm aus dem Teerbelag herausragte. Alles ging unheimlich schnell. Ich konnte das Fahrzeug nicht mehr halten, weil ich um mein eigenes Wohl kämpfen mußte. Ich rutschte etwa 30 m auf dem Asphalt und wurde erst von einer Hauswand aufgehalten. Ich stand sofort wieder auf, schaute an mir hinab und mußte feststellen, daß meine Kleidung total kaputt war. Außerdem fehlte mir ein Schuh. Nun machten sich auch die Schmerzen meiner Schürfwunden, die ich erlitten hatte, bemerkbar. Doch dafür hatte ich jetzt keine Zeit. Ich mußte zuerst das Moped von der Fahrbahn holen. Kaum hatte ich das geschafft, fuhr zu meinem Glück ein Kumpel mit seinem Auto an der Unfallstelle vorbei. Auch der VW-Fahrer hatte angehalten und wollte einen Krankenwagen alarmieren. „Das ist doch nicht nötig!" sagte ich, „mir geht es schon wieder gut!" Mein Kumpel lud das Moped in den Kofferraum seines Autos, nachdem ich ihn mit den Worten „einladen, alles andere sage ich dir später!" darum gebeten hatte. Ich konnte ihm ja vor den herumstehenden Leuten nicht sagen, daß ich das Moped geklaut hatte. Im Auto erklärte ich ihm dann, daß wir das kaputte Moped verschwinden lassen müssen. Nun überlegten wir gemeinsam, wie wir das Fahrzeug ungesehen abstellen könnten. Da fiel mir der Parkplatz beim Bahnhof ein. Der war groß und unbeleuchtet. Dort stellten wir das Moped ab. Wir fuhren gleich wieder ins Dorf zurück an den Sportplatz. Die anderen hatten inzwischen ein Lagerfeuer angemacht. Ich kroch ins Zelt, da mir hundeelend war und meine Schürfwunden arg schmerzten. Ich sah auch schlimm aus, mit meinem blutverschmierten Gesicht. Ein Kumpel wusch die Wunden mit Wasser ab. Als es mir dadurch wieder wohler wurde, wollte ich mich zu den anderen ans Lagerfeuer setzen. Doch mein rechter Fuß machte nicht mit. Ich konnte nicht mehr gehen. Jetzt wollten mich meine Kumpels nach Hause bringen. „Langsam", sagte ich, „erst muß ich mir etwas einfallen lassen, was ich zu Hause erzähle!" Ich konnte doch nicht sagen, daß ich mit einem geklauten Moped einen Unfall gebaut habe. Nun überlegten alle gemeinsam, was ich zu Hause sagen könnte, was auch glaubhaft schien. Da kam ich auf die Idee, zu erzählen, ich sei beim Autostopp von einem Auto angefahren worden, der Fahrer habe Fahrerflucht gemacht. Ich hätte nur einen kleinen, gelben Flitzer erkennen können. Ich ließ mich nun, da eine gute Ausrede gefunden war, ins Auto setzen und stellte mich bewußtlos. Meine Kumpel klingelten meine Eltern aus dem Bett, die einen mächtigen Schrecken bekamen, als sie mich sahen. Sie erzählten meinen Eltern die erfundene Story. Mein Vater kam auch sofort zum Auto und versuchte, mich durch leichte Ohrfeigen wieder munter zu machen. Ich ließ einige Ohrfeigen über mich ergehen und tat dann so, als ob ich gerade aus einer tiefen Ohnmacht erwachen würde. Vater ließ mir dann ein wenig Zeit, um mich zu erholen und wollte dann noch einmal von mir den genauen Ablauf des Unfalls wissen. Ich erzählte ihm noch einmal die gleiche Story. Dann bat Vater meinen Kumpel, mit ins Krankenhaus zu fahren, da ich böse Schürfwunden hatte und mein Bein überhaupt nicht bewegen konnte. Im Krankenhaus habe ich diese Lügengeschichte noch einmal aufgetischt. Ich wurde stationär aufgenommen. Am nächsten Tag kam die Polizei und wollte wissen, wie es zu diesem Unfall gekommen sei. Auch die Polizei habe ich angelogen. Auch die haben zuerst daran geglaubt. Sie haben drei Tage lang nach dem angegebenen gelben Flitzer gesucht, aber keinen finden können.

Mein früherer Schulkamerad hatte inzwischen den Diebstahl seines Mopeds angezeigt. Es kam, wie es kommen mußte. Als das kaputte Moped gefunden wurde, und als sich langsam herumsprach, daß am Abend meines Unfalls ein mysteriöser, ebenfalls noch ungeklärter Unfall am Ortsrand passiert war, mußte die Polizei nur noch kombinieren. Und das tat sie auch. Nun war natürlich alles Erfundene für die Katz, und mir ging es an den Kragen.

Zuerst wurde ich von den Polizeibeamten kräftig zusammengestaucht, anschließend dann von meinem Vater. Wenig später nach der Krankenhausentlassung fand deswegen sogar eine Gerichtsverhandlung statt, bei der ich verurteilt wurde, den Schaden wieder gutzumachen und an vier Wochenenden beim Roten Kreuz zu helfen. Eigentlich bin ich damals sehr glimpflich davongekommen. Am meisten hat es mich aber getroffen, daß ich jetzt noch weniger Taschengeld bekommen habe. Die Schulden mußten ja bezahlt werden. Ich konnte meinen Eltern nie verzeihen, daß sie mir so wenig von meinem Lohn ausgehändigt haben. Jetzt kam nämlich die Zeit, wo ich zusammen mit meinen Kumpels auf Brautschau ging. Als die Urlaubszeit kam, sind wir zu viert in die Nähe eines etwa 10 km entfernten Dorfes zum Zelten gegangen. Dort lernten wir mehrere Mädchen kennen, die alle im dortigen Musikverein waren. Die kamen jedesmal nach den Musikproben zu uns ans Lagerfeuer, weil sie wußten, daß es bei uns immer etwas zu trinken gab, und weil wir auch immer einige Späße auf Lager hatten. Jeder von uns hat ein Mädchen gefunden, das seine Zuneigung erwiderte. Meine Kumpels sind allerdings schneller vorangekommen als ich. Doch so schnell wollte ich nicht aufgeben, da ich das Mädchen richtig gern hatte. Und erzwingen wollte ich nichts, da ich Angst hatte, unsere Beziehung dadurch zu zerstören. Nach dem Urlaub sind wir sogar fast jeden Tag mit dem Fahrrad oder auch zu Fuß in dieses Dorf gekommen, nur um bei den Mädels zu sein. Oft bin ich auch alleine hinmarschiert, um mit meiner Freundin spazierenzugehen. Mir war es egal, ob es regnete, ob es kalt war oder heiß. So oft es nur ging, war ich dort. Meine erste Liebe, kann man sagen. Sie hat den Winter nicht überlebt.

Mein Kontakt zur Clique war beständiger. Es waren immer die gleichen Typen, die zusammen zum Saufen – anders kann man das nicht bezeichnen – ausgingen. Der Jüngste war 16, der Älteste war schon 21 Jahre. Trotzdem haben wir uns bestens verstanden. Es wurde auch nie jemand sitzengelassen, wenn er total zu war und die anderen nach Hause oder was öfters vorkam, zum nächsten Fest gehen wollten. Daß wir an einem Abend mehrere Veranstaltungen nacheinander besuchen mußten, stand auf der Tagesordnung. Wir mußten überall einmal gewesen sein. Sonst war es uns nicht wohl. Oft sind wir zum Schluß noch zu einem Kumpel nach Hause gegangen, um eine Kaffee-Fete zu feiern. Der Kaffee, den wir dort immer getrunken haben, der hätte einen toten Indianer wieder zum Leben erweckt. So stark war der. Manchmal haben wir auch ein Kaffeewetttrinken veranstaltet, wo pro Person bis zu 30 Tassen Kaffee konsumiert wurden. Ein Kumpel hat nach soviel Kaffee einmal versucht, noch 50 Liegestützen zu machen. Er hat sie zwar geschafft, doch sein Kreislauf ist anschließend zusammengebrochen, so daß er bei einer Zimmertemperatur von nahezu 30 Grad im Sessel saß und gezittert hat wie im schlimmsten Winter. Daraufhin wurde der Kaffee-Exzeß eingestellt. Das war uns eine Lehre. Wenn ich das heute so niederschreibe, dann muß ich sagen: „Wir waren schon Mordskerle!“

Mit dem Alkohol ist es immer schlimmer geworden. Wenn es in unserer Stammdiskothek „die Sonderangebote“ gab, hat jeder von uns mindestens 20 bis 30 solcher Angebote getrunken. Die Angebote wechselten jedes Wochenende. Einmal gab es Whisky-Cola, dann Asbach-Cola oder Baccardi-Cola usw. Das kostete anfangs jeweils immer nur 1,50 DM, später 2,– DM. Das war trotzdem recht preiswert. An der Bar hat es nämlich 5,– DM gekostet. Kurz bevor der Besitzer angekündigt hat, daß nach 1.00 Uhr nachts kein Getränk mehr ausgeschenkt würde, haben wir noch schnell uns mit 10 bis 15 Angeboten pro

Mann eingedeckt. Deshalb hat es auf unserem Tisch immer so ausgesehen, als ob da 50 Männer sitzen würden. Wir waren aber höchstens zu sechst. Das war nicht mehr normal.

Es gab so gut wie keine Wirtschaft oder Diskothek in der ganzen Umgebung, in der wir nicht bestens bekannt waren. Schlimm wurde es immer wieder, wenn wir in ein nahegelegenes Dorf zum jährlichen Beerenweinfest fuhren. Dieses Fest hat volle drei Tage gedauert, an zwei Tagen waren wir stockbesoffen. Auch das war nicht mehr normal. Von der Jazzmusik haben wir natürlich nichts mitbekommen, das war nicht unsere Sache. Aber was soll ich viel von diesen Besäufnissen erzählen, es war doch immer dasselbe, daran hat sich fast nie etwas geändert. Nur, daß wir immer mehr gesoffen haben, daß es immer schlimmer wurde.

Zum erstenmal im Knast

Bis zu meiner ersten Verhaftung war immer die gleiche Kneipe in unserem Dorf mein Stammlokal. Auch am Abend vor meiner Verhaftung bin ich mit mehreren Kumpels dort gesessen. Dann habe ich mich – es war schon lange nach Mitternacht – zusammen mit Reiner auf den Heimweg gemacht. Reiner wollte mich sogar noch nach Hause begleiten. „Das schaffe ich schon alleine!" habe ich ihm geantwortet. Zu diesem Zeitpunkt habe ich noch gar nicht ans Einbrechen oder an die Jugoslawin gedacht. Dieser Gedanke kam mir erst, als ich schon den halben Heimweg hinter mir hatte. Zuerst habe ich nur an Geld gedacht und habe mir überlegt, wo könnte ich mir etwas beschaffen, ohne großen Ärger zu bekommen. Plötzlich fiel mir die Jugoslawin ein. Ich kannte das Haus, in dem sie wohnte, fast auswendig, weil da früher mein bester Freund gewohnt hatte. An diesem Haus kam ich vorbei. Das Auto des Ehemannes war nicht da. „Der ist auf Schicht", dieser Gedanke gefiel mir. Das machte die Sache natürlich leichter. Erst zu diesem Zeitpunkt bin ich richtig mutig geworden, denn da habe ich gedacht: „Die Jugoslawin wird mir keine Schwierigkeiten machen, wenn ich sie mal auf die Schnelle besuche" ...

Sie versprach mir, niemandem etwas zu sagen und daß sie es mir nicht nachtragen würde. Da habe ich dann endlich von ihr abgelassen und mich auf den Heimweg gemacht. Zu Hause schlich ich mich ins Zimmer und legte mich gleich schlafen. Nach etwa zwei Stunden – mir kam es vor, als hätte ich mich erst gerade hingelegt – wurde ich von meiner Mutter geweckt. Zuerst konnte ich mir keinen Reim darauf machen, warum sie mich nicht schlafen ließ. Erst als eine fremde Stimme sich meldete und sagte: „Herr X, stehen Sie auf, Sie müssen mitkommen!", erst jetzt schoß es mir in den Kopf, und nun war ich auf einen Schlag hellwach. Erst jetzt sah ich einige Polizeibeamte um mein Bett herumstehen. Mutter fragte mich, ob ich wüßte, was man von mir mitten in der Nacht wolle? Ich konnte mir es wohl denken, aber ich antwortete: „Ich weiß von nichts!" Nachdem ich mich angezogen hatte, wurde ich abgeführt. Ab ging es in die Kreisstadt, zum Polizeirevier. Dort wurde ich kurz verhört. Da ich aber zu müde war, diesem Verhör standzuhalten, wurde ich bis zum Morgen in die Ausnüchterungszelle gesperrt, wo ich mich sofort wieder aufs Ohr legte. Am nächsten Morgen, so gegen 09.00 Uhr wurde ich geweckt und verhört. Dann wurden Fotos gemacht und Fingerabdrücke genommen. Am späten Nachmittag wurde ich dem Haftrichter vorgeführt, von dort aus wurde ich ins Gefängnis gebracht.

Zuerst kam ich in eine 3-Mann-Zelle. Am Anfang wußte ich überhaupt nicht, wie ich mich verhalten sollte.

Ich hatte ja keinen Schimmer davon, wie es im Knast so läuft. Ja heute, da weiß ich Bescheid. Heute bin ich Profi – wenigstens auf einem Gebiet. Meine beiden Mitgefangenen haben sofort gemerkt, daß ich zum erstenmal im Knast war. Sie haben mir sofort Zigaretten und Kaffee angeboten, was ich natürlich nicht abgeschlagen habe. Da ich sowieso ein starker Raucher war und Kaffee noch nie verachtet habe. So kamen wir ins Gespräch, wir unterhielten uns über unsere Haftbefehle. Bei mir stand: „Versuchter Mord". Von der Vergewaltigung erzählte ich nichts, da ich ja nicht wußte, wie die anderen darauf reagieren würden. Am nächsten Tag schon wurden mir von den beiden Zellengenossen Schläge angedroht, weil ich immer fragte, ob ich mir eine Zigarette drehen dürfe. Das waren echt dufte Typen, wie man sie im Knast selten findet. Sie sagten: „Du brauchst nicht lange fragen, solange noch Tabak auf dem Tisch liegt." Am 3. Tag kamen meine Eltern zu Besuch und wollten wissen, ob es stimme, was man mir vorwerfe. Da mußte ich es ihnen gestehen, was ich getan hatte. So sehr enttäuscht wie an jenem Tag habe ich sie noch nie in meinem Leben gesehen. Mutter hat fast ununterbrochen geweint. Vater fragte dann noch: „Was brauchst du von deinen Klamotten, brauchst du noch etwas Geld?" Sie konnten beide nicht begreifen, wie ich zu solcher Tat fähig war. Ich konnte es ihnen auch nicht sagen, weil ich mich selbst nicht begreifen konnte.

Knast, ja was heißt das, wenn man vorher keine Ahnung davon hatte? Z. B. die 3-Mann-Zelle, auf der ich war. 3,50 m lang, 3,00 m breit und 2,50 m hoch. Eine 5 cm dicke Eichentüre mit Eisenbeschlag. Ein Schloß und 2 Riegel dazu, die man aber nur von außen betätigen kann. Ein kleines Fenster mit starkem Eisengitter davor, damit man nicht rauskann. Das Mobiliar: 1 Doppelbett, 1 Einzelbett, 3 Schränke, 3 Stühle, 1 Tisch. Im gleichen Raum befand sich ein Waschbecken und die Toilette, diese jedoch durch eine „Schamwand" getrennt. Wenn da einer aufs Klo mußte – wer muß das nicht –, mußten die anderen unter dessen Gestank leiden. Am schlimmsten war es immer samstags, wenn es Eintopf gegeben hatte. Da war es kaum auszuhalten. In dieser Zelle mußten wir uns 23 Stunden am Tag aufhalten. Morgens um 08.00 Uhr konnte man raus in den Hof. Da hieß es: „Im Kreis gehen!" Irgendwo hinstehen und die frische Luft genießen ging ohnehin nicht, dazu war es viel zu kalt im Winter. In diesem Gefängnis blieb ich aber nur 14 Tage. Eines Morgens kam ein Schließer und forderte mich auf, meine Sachen zu packen, da ich verlegt werden würde. Zuerst hat es mir gestunken, da ich mich in dieser Zelle so gut eingelebt hatte. Doch als ich erfuhr, daß ich in die Außenstelle dieses Gefängnisses komme, die sich in einer kleinen Stadt in der Nähe meines Heimatdorfes befindet, war ich richtig froh. Dort sollte alles viel besser sein. Von meinen Zellengenossen wurde ich richtig beneidet. Und so war es auch. Vor allem die Besuchszeiten waren dort viel humaner, sie wurden nicht gleich nach einer halben Stunde abgebrochen. Meine Eltern kamen, solange ich dort einsaß, jeden Sonntagmorgen. Um 09.00 Uhr waren sie da. Sie durften bis kurz vor 12.00 dableiben. Soviel Zeit haben sich die Beamten genommen. Jeder Besuch muß ja durch die Anwesenheit eines Wachbeamten kontrolliert werden.

Unser Anstaltsleiter – Papa Kaufmann wurde er von allen genannt – war in dieser Beziehung echt spitze. Obwohl dort jung und alt in Haft war, sagte er immer: „Für meine Buben tue ich alles, was nur möglich und im Rahmen des Strafvollzugs erlaubt ist." Wir konnten z. B. jeden Abend in den Freizeitraum zum Fernsehen gehen oder in den zweiten Freizeitraum, um Billard oder Tischtennis zu spielen. Tagsüber konnten wir in die Freizeiträume gehen oder auch in den Zellen bleiben. Es waren nur 25 Gefangene dort. Ein richtiger Familienknast. Anfangs war ich mit einem Türken, der schon sehr lange in Deutschland lebte, auf einer Zelle. Dann bin ich auf die einzige 4-Mann-Zelle verlegt worden. Denn dort hat man Stofftiere angefertigt. Da wollte ich mitmachen. Auf unserer Zelle hat es ausgesehen wie in einem Zoo. Die verschiedensten Tierarten wie Elefanten, Giraffen, Bambies, Hunde, Frösche, Bären, Kamele oder Schlangen wurden da von uns gebastelt. Ich habe mich gleich am ersten Tag an der Nähmaschine bewährt. Dazu war ich sehr begabt. Schon nach einer Woche war ich so gut, daß ich das Fußpedal für die Geschwindigkeit immer volle Pulle durchgedrückt hielt. Die anderen 3 Zellengenossen stopften die Tiere mit Watte aus und nähten die Öffnung dann von Hand zu. Für mich war das der beste Job, um gut einkaufen zu können. Herr W., ein Beamter des Gefängnisses, hat für uns die fertigen Stofftiere draußen verkauft. Vom Erlös hat er dann wieder Material wie Stoff und Watte gekauft. Außerdem auch Kaffee und Zigaretten. Das war die einzige Kasse, die nicht über das Zentralgefängnis lief. Die Tiere wurden Herrn W. buchstäblich aus den Händen gerissen, so gut sind sie draußen angekommen. Normalerweise hätte dieses Geschäft noch lange florieren können, wenn manche Knackis nicht so doof gewesen wären und die Tiere mit in das Zentralgefängnis genommen hätten, um sie dort unter der Hand zu verkaufen. Nun kam es sogar soweit, daß die Produktion eingestellt werden mußte. Es kam dann das Problem auf, wohin mit den restlichen Stoffen und der Watte, die noch vorhanden waren. Da kam unser Papa Kaufmann auf die Idee, mit dem restlichen Material doch noch Tiere anzufertigen, sie aber nicht zum Verkauf freizugeben, sondern sie einem Kindergarten oder einem Kinderheim zu schenken. Zuerst waren wir mit diesem Vorschlag überhaupt nicht einverstanden. Doch als dann die Verwaltung des Zentralgefängnisses auch noch das Material einkassieren wollte, hat uns der Vorschlag von Papa Kaufmann schon besser gefallen. 50 Tiere haben wir noch fertiggebracht. Herr W. ist nun losgezogen, um einen geeigneten Kindergarten zu finden. In einer ca. 30 km entfernten Stadt befand sich ein Kindergarten, in dem hauptsächlich behinderte Kinder betreut wurden. Wir gaben Herrn W. unseren Zoologischen Garten mit den besten Empfehlungen mit. Zwei Tage später durften wir in der Tageszeitung lesen: „Gefängnis glich einer Arche Noah." Da wurde geschrieben, daß wir vier Gefangenen Stofftiere gefertigt und sie zu einem wohltätigen Zweck zur Verfügung gestellt hätten. Für uns vier war dies natürlich noch viel mehr wert, als wenn wir Kaffee oder Tabak bekommen hätten. Herr W. hat uns erzählt, wie sehr sich die Kinder über diese Geschenke gefreut haben. Und da wir Kinder sowieso gern hatten, waren wir alle sehr zufrieden.

Nun war ich schon sechs Monate in Haft. Diese Zeit habe ich eigentlich sehr gut verkraftet. Na ja, jeden Sonntag Besuch, das erleichtert die Zeit im Gefängnis sehr. Meine Eltern hatten jedesmal zwei Tragetüten mit Verpflegung wie Kaffee, Tabak, Süßigkeiten und viel Obst dabei.

Dann kam die Verhandlung. Dazu wurde ich wieder in das Gefängnis am Sitz des Landgerichts verlegt. Doch Gott sei Dank nur eine Woche. Angeklagt wurde ich zuerst wegen versuchten Mordes. Doch dies wurde dann geändert in Vergewaltigung und gefährliche Körperverletzung. Dafür bekam ich mit meinen 19 Jahren eine Jugendstrafe von fünf Jahren. Als ich das Urteil hörte, konnte ich es nicht fassen. Im Knast haben die anderen immer gesagt: „Du bekommst höchstens drei Jahre." Der Staatsanwalt hatte sogar sieben Jahre gefordert. Mein Rechtsanwalt, ein Pflichtverteidiger, den ich erst am Tage vor der Gerichtsverhandlung kennenlernte, hat nichts getaugt. Ich hätte die Verhandlung auch ohne ihn überstanden, da er so gut wie nie seinen Mund aufgemacht hat. Meine Eltern waren mit diesem Urteil auch nicht einverstanden und besorgten mir deshalb einen neuen Anwalt. Der hat dann gleich Revision eingelegt. Doch als wir hörten, daß der Staatsanwalt dann auch in die Revision gehen würde, zogen wir schnell zurück. Bei einer neuen Verhandlung hätte ich dann nämlich eventuell noch mehr bekommen. So mußte ich mich eben mit diesem Urteil abfinden. Ich kam in das kleine Gefängnis, das ich schon bestens kannte, zurück. Jetzt kam es heraus, daß ich wegen Vergewaltigung verurteilt worden war. Ich hatte ja immer gesagt: „Ich bin wegen versuchten Mordes dran!" Das hat denen imponiert. Vergewaltigung hat nicht so gut geklungen. Aber es war ja nicht gelogen. So stand es auf dem Haftbefehl.

Bis Weihnachten blieb ich in diesem Familienknast. Mein erstes Weihnachten im Knast. Ich werde mich an den Gedanken gewöhnen müssen. Alle Jahre im Knast. Geburtstag im Knast. Urlaub im Knast. Weihnachten im Knast.

Dann wurde ich über einige Stationen in eine Jugendstrafvollzugsanstalt für Langzeitstrafen verschubt. Bei der Einweisungskommission wurde ich gefragt, ob und wenn ja, welche Lehre ich machen wolle. Ich habe mich für eine Schreinerlehre entschlossen. Da in dieser Anstalt kein Platz hierfür frei war, wurde ich gleich in die nächste Vollzugsanstalt abgeschoben. Dort angekommen, traf ich einen Gefangenen wieder, den ich schon im Familienknast kennengelernt hatte. Nun hatte ich wenigstens einen, der mich kannte. Dies stellte sich aber bald als Nachteil heraus. Als ich nach dem ersten Rundgang im Gefängnishof wieder in unsere Zelle zurückkam, hat mich einer angefahren, der sich sehr stark vorkam: „Na, sitzt du jetzt wegen versuchten Mordes oder wegen Vergewaltigung?" Ich hatte nämlich wieder erzählt, daß ich wegen versuchten Mordes drin sei. „So, von nun an putzt du mir jeden Morgen die Schuhe. Verstanden?" So ging's weiter. Bis dahin mußte ich im Knast schon vieles verkraften, aber das war doch der Gipfel. Nun mußte ich mich wehren, denn sonst wäre ich untergegangen und hätte für andere nur noch den Diener machen müssen. Deshalb sagte ich zu ihm: „Sag das nochmal, ich habe dich nicht richtig verstanden!" Nun, er tat mir den Gefallen. Er kam in Reichweite meines Knies, das ich ihm auch gleich zwischen die Beine schlug. Er sank zu Boden, ich auf ihn drauf. Ich habe ihn anständig vermöbelt. Mir war in diesem Moment egal, wohin ich trat. Als ich endlich von ihm abließ, standen zwei Freunde von ihm auf und wollten es mir besorgen. Aber da kamen einige Stimmen aus dem Hintergrund, die für mich Partei ergriffen. Ich hatte gewonnen und war von Stunde an anerkannt. So geht es im Knast zu. Das Recht gehört dem Stärkeren. Mancher probiert's und zieht den kürzeren. Das ist mir oft genug passiert. Der Typ übrigens, mit dem ich am ersten Tag diese Schlägerei hatte, wurde später mein bester Freund. Der hat mir immer, wenn es notwendig war, mit Tabak ausgeholfen.

Ich war in einem reinen Jugendvollzug. Knapp 400 Insassen, verteilt in fünf Gebäuden. Dazu kamen noch Spital, Waschküche, Verwaltungsgebäude und die Werkstätten. Tagsüber war ich in der Schreinerei und absolvierte meine Lehre. Abends habe ich dann mit einem neuen Hobby angefangen: Intarsienarbeiten. In dieser Kunst habe ich es zu einer ziemlichen Fertigkeit gebracht. Ja, wenn ich will, kann ich schon was leisten. Das haben meine Eltern ja schon immer gesagt. In diesem Gefängnis gab es abends zwischen 17.00 und 19.00 Uhr verschiedene Freizeitkurse:

Hinterglasmalerei, Kochen, Kupferstiche, Malen, Schachspielen, Gesprächsgruppen usw. ...

Nach einem Jahr kam ich in den Bau 3, in eine Wohngemeinschaft. Hier wurden wir abends nicht mehr eingeschlossen, sondern konnten uns frei bewegen. Wir hatten sogar eine eigene kleine Küche und eine eigene Dusche auf dem Stock. In den anderen Bauten ist dies erst später eingeführt worden.

Dort blieb ich, bis ich nach drei Jahren entlassen wurde. Auf Bewährung. Aber bis dahin war es noch lange. Meine Eltern besuchten mich auch dort regelmäßig. Mindestens einmal im Monat. Die Strecke war ziemlich weit und im Winter nicht ungefährlich. Manchmal kamen auch Bekannte. Öfters kam auch mein ältester Bruder. Ganz wichtig waren für mich aber meine Brieffreundschaften. Da hatte ich zuerst einmal ein Mädchen aus Stuttgart. Dann war da noch Molly aus der Stadt, die ich vom Zellenfenster aus auf der Straße kennengelernt habe. Da war ich nämlich nicht kontaktarm. Wenn Gitter dazwischen waren. Da war ich mutig. Dann kam noch ein Mädchen dazu, die ich durch die Knastzeitung kennengelernt hatte. Diese drei Mädchen haben mir, außer meinen Eltern und Geschwistern, am meisten geschrieben und meine Zeit im Knast ganz wesentlich damit erleichtert. Vor allem während der ersten sechs Monate, als ich in einer Einzelzelle war. Danach auf der 4er-Zelle war es besser. Wir haben uns bestens verstanden. Zwei weitere Zellengenossen waren mit mir zusammen in der Schreinerei. Das war prima, wenn wir zusammen auf eine Arbeit lernten. Wir waren das beste Team: in der Schule und in der Schreinerei. Unangefochten. Am besten hat mir natürlich der Maschinenkurs gefallen, den wir draußen in der Berufsschule absolvierten. Dieser Kurs ging 14 Tage. Morgens wurden wir mit der Minna zur Schule gebracht und abends wieder abgeholt. In der Zwischenzeit konnten wir uns frei in der Schule bewegen. Zu unserem Glück – damals habe ich das als ausgesprochenes Glück empfunden – befand sich genau gegenüber der Schule eine Wirtschaft. Diese besuchten wir natürlich in jeder Mittagspause. Zu Mittag haben wir nie gegessen. Wir haben alles in flüssiger Form zu uns genommen, in Form von Weizenbier. Das war unser Lieblingsgetränk. So gegen sieben Weizen haben wir jeden Tag gesoffen. Und wie wir uns vorgekommen sind! Das Geld dafür haben wir beim Besuch von Verwandten hereingeschmuggelt, oder wir haben diverse Geschäfte mit Alkohol unter den Gefangenen gemacht. Gewußt wie! Das waren für uns sehr anstrengende Tage. In diesen 14 Tagen habe ich sogar 5 kg abgenommen. Oft hatten wir mächtig Glück, daß man uns nicht erwischt hat.

Nach dem Maschinenkurs sind wir öfters mit unseren Gewerbelehrern raus in die Wälder, um die verschiedensten Holzarten in natura kennenzulernen. Manchmal wurde daraus auch nur eine hübsche Wanderung, wobei wir jedesmal an einer Wirtschaft vorbeikamen, die mitten im Wald lag. Dort rasteten wir jedesmal, bekamen etwas zu essen und wie selbstverständlich auch unser Bier. Wenn unsere Begleiter mal nicht aufpaßten, tranken wir an der Theke auch einmal einen Schnaps oder mehrere. Einmal hatten wir einen Türken in der Schreinerei, der durfte auch mit zu einer Wanderung. Dies war seine erste und letzte, denn er nützte sie zur Flucht. An diesem Tag hätten wir den nicht mehr in unsere Finger bekommen dürfen. Der hätte diese Flucht teuer bezahlen müssen. Da hätte die Anstaltsleitung gar keine großen Maßnahmen ergreifen müssen. Das hätten wir schon richtig erledigt. Für unseren Lehrer war diese Flucht zuviel. Von da an hat er keine Wanderung mehr gemacht. Er hatte Angst, daß wieder einmal einer abhauen könnte. Wir waren zwar an der

Flucht des Türken total unschuldig. Die Konsequenzen mußten wir aber alle tragen. Aber so ist es ja oft im Leben. Nicht nur im Knast. Für mich selbst war das aber nicht so schlimm, weil ich jede Woche mehrmals hinausgekommen bin. Ein Meister hat ein Haus gebaut. Da hat er mich jedesmal von der Verwaltung zur Arbeit angefordert. Sogar samstags, weil ich so gut gearbeitet habe. Das war natürlich auch eine gute Gelegenheit, meine Kenntnisse als Bau- und Möbelschreiner aufzubessern. Und ehrlich gesagt, Hauptsache war, ich kam aus dem Knast raus für ein paar Stunden, und wenn es nur zur Arbeit ging. Auf dem Bau habe ich immer regelmäßig meinen Alkohol bekommen. Auch Zigaretten. Samstags gab mir die Tochter des Bauherrn immer ein schönes Stück Fleisch mit, so daß ich sonntags meinen eigenen Braten im Gefängnis zubereiten konnte.

Und dann kam endlich der erste Heimaturlaub. Ich mußte einen Urlaubsantrag ausfüllen und mir von zu Hause bestätigen lassen, daß ich während meines Urlaubes dort wohnen dürfe. O Mann, wie sehr habe ich mich auf diesen Urlaub gefreut. Dann war der Tag endlich da. Mein Vater hat mich vom Knast abgeholt. An der Pforte bekam ich dann den Urlaubsschein ausgehändigt, der für mich die Welt bedeutete und auch eine ganz wichtige Funktion für das Leben draußen hatte. Wenn mich eine Polizeistreife kontrollieren würde, bräuchte ich nur diesen Schein vorzeigen, und alles wäre in Ordnung. Ist das nicht ein Gefühl?

Meine alten Kumpels von früher haben mich eigentlich wieder gut aufgenommen. Sie haben mich gleich wieder akzeptiert. Das hat mich riesig gefreut. Sogar die Leute aus unserem Dorf sagten: „Es ist nett, daß man dich mal wieder sieht!" Doch was ich an diesen vier Tagen alles unternommen habe, weiß ich nicht mehr. Ich kann mich einfach nicht mehr daran erinnern. Das ist eigenartig. Jetzt habe ich mich doch so auf diese Tage gefreut, nur dafür gelebt. Daß man die Erlebnisse solcher Tage völlig vergessen kann, das verstehe ich nicht. Ich könnte jetzt ja irgendeinen anderen Urlaub beschreiben. Aber da würde ich mich ja selbst anlügen. Aber das Wichtigste hätte ich beinahe vergessen: Auf meinem Urlaubsschein stand ganz dick und fett geschrieben: „Ich verpflichte mich, während meines Urlaubs keinen Alkohol zu trinken!" Doch darum habe ich mich überhaupt nicht gekümmert. Warum auch? Denn wenn ich im Knast regelmäßig meinen Alkohol bekam, obwohl es verboten war, warum hätte ich denn dann in der „goldenen Freiheit" darauf verzichten sollen? So dachte ich damals.

Der Urlaub war schnell vorbei. Mein Vater hat mich zurückgebracht. Ich glaube, wenn ich alleine mit dem Zug hätte zurückfahren müssen, hätte ich nicht die Kraft gehabt, wieder in den Knast zu gehen.

Bis zu meiner Entlassung durfte ich dann noch siebenmal in Urlaub fahren. Ein Urlaub glich dem anderen. Es ging immer mit einer langen Zugfahrt los, bis ich endlich zu Hause war. Es endete immer mit einer viel zu schnellen Rückfahrt, die mich schon wieder im Gefängnis ankommen ließ. Einmal habe ich beim Urlaubsantritt auf dem Bahnhof noch vier Knackis getroffen, die auch wie ich in den Urlaub gefahren sind. Bis Stuttgart waren wir zusammen. Wir waren nicht mehr normal. Das Härteste, das wir dabei erlebt haben, war eine kaputte Fensterscheibe unseres Zugabteils, die einer von uns im Suff zertrümmert hat. Denn wir haben uns vor der Abfahrt am Bahnhofskiosk mit so viel Alkohol eingedeckt, daß es auch gereicht hat – bis Stuttgart. Denn so ein Ereignis: Fünf Knackis zur gleichen Zeit auf Urlaub; das mußte doch gefeiert werden. In Stuttgart angekommen, ging es gleich wieder an den Kiosk.

Alle haben wir unseren Anschlußzug verpaßt. Spät abends kam ich dann zu Hause an. Die jetzt fällige Standpauke meiner Mutter habe ich über mich ergehen lassen. Nachdem sie endlich fertig war, konnte ich mich endlich in mein Bett zurückziehen. Ich war fix und fertig, mein Körper hat geradezu nach Schlaf geschrien. Am nächsten Morgen habe ich alles schnell wieder vergessen. Jetzt war Urlaub, und da mußte was los sein.

Solange ich im Gefängnis war, haben meine Eltern ein neues Haus gebaut. Ein Fertighaus. Das alte – es war ja auch erst gerade umgebaut worden – haben sie nicht mehr abzahlen können. Daran war ich nicht unschuldig. Meine 500,– bis 700,– DM monatlich haben einfach gefehlt. Schon beim ersten Urlaub waren sie mit dem neuen Haus fertig. Am Umbau des alten Hauses habe ich ja noch fest mitgeholfen. Jetzt war alles ohne mich gegangen. Jetzt mußte ich erst meinen Platz wieder suchen. Da ich jetzt ja regelmäßig Urlaub hatte, wurden die Besuche bei mir im Gefängnis seltener. Auch meine Brieffreundinnen ließen es beim Briefeschreiben bewenden. Nur eine nicht. Auch heute noch muß ich oft an sie denken. Sie hat mir zu Weihnachten einmal einen zwei Meter langen Schal geschenkt. Selbst gestrickt natürlich, den ich nach meiner Entlassung gut gebrauchen konnte. Aber noch war ich ja im Knast. Und da war einiges los, das ich bis heute auch noch nicht vergessen kann: Im Bau 6 war einer, der schrieb eines Tages auf einen Zettel: „Komme gleich wieder zurück, möchte nur nachschauen, ob es Gott wirklich gibt!" Dann hat er sich in seiner Zelle aufgehängt. Ein anderer wollte unbedingt Pattex schnüffeln. Er nahm eine Plastiktüte, strich Pattex hinein und stülpte sich die Tüte über den Kopf. Er erstickte dabei. Ein dritter hat den größten Spektakel ausgelöst, den es während meiner Knastzeit bisher gegeben hat. Der ist an einer Überdosis Heroin gestorben. Für uns war das unbegreiflich, da wir ihn sehr gut kannten. Er war bei mir auf dem Stock. Wir waren jeden Tag zusammen. Von ihm habe ich auch meinen ersten Trip bekommen, der für mich beinahe zum Horrortrip geworden wäre. Als ich mir diesen Trip eingeworfen hatte, zog mich nach kurzer Zeit der Spiegel unserer 4-Mann-Zelle geradezu magisch an. Da habe ich dann zugeschaut, wie mein halbes Gesicht wegflog, wie mir Hörner gewachsen sind, wie sich mein Gesicht zu Horrormasken, zu unheimlichen Fratzen verzogen hat. Wenn meine Zellenkameraden nicht gemerkt hätten: „Der flippt aus!", dann wäre ich total auf den Horror gekommen. Von da an habe ich lange keinen Trip mehr genommen, nicht mal angerührt. Ab und zu habe ich ein Haschischpfeifchen geraucht, das war viel angenehmer. Aber gebracht hat das alles nichts!

16. Juli

Das war der Tag meiner Entlassung. Ich kam mir wie neugeboren vor. Endlich weg vom Knast, der mir so über war. Endlich wieder zu Hause, kein Schlüsselklappern mehr, keine Schreie mehr in der Nacht. Endlich konnte ich meine Türen wieder öffnen und schließen, wie ich wollte, nachts das Licht anmachen und lesen. Frei sein, ausgehen, tanzen, Biertrinken, ein Mädchen suchen, zärtlich sein, jemanden haben.

Und das wollte ich jetzt alles aufbauen. Und es fing ganz gut an. In meinem Dorf und in der Umgebung wurde ich wieder recht gut aufgenommen. Meine früheren Kumpels stießen mich nicht ab, sie nahmen mich wieder in ihre Gemeinschaft auf. Darüber habe ich mich am meisten gefreut, da ich Angst hatte, ich könnte nun als Ausgestoßener gelten. Auch die anderen Bewohner unseres Dorfes haben mich nicht spüren lassen, daß ich mal im Knast war. Ich habe das jedenfalls nicht gespürt. Ich habe mich wieder gut angenommen gefühlt.

Auch Mister Alkohol kam wieder auf mich zu. Er zog mich in seinen Bann. Aber alles ging langsam. Bergab leider. Schon nach einer Woche fand ich eine Arbeitsstelle als Schreiner. Diesen Beruf hatte ich ja im Gefängnis gelernt und sogar mit einer ganz guten Prüfung abgeschlossen. Und dieser Beruf hat mir Spaß gemacht. Von daher hätte alles nicht so kommen brauchen.

Probleme gab's halt mit den Mädchen. Die zogen mich nicht so in den Bann wie Mister Alkohol. Ich war ständig auf der Suche, wie im Fieber. Wo ist der Mensch, wo ist die Frau für mich?

Vielleicht einen Monat nach meiner Entlassung habe ich meine erste Freundin kennengelernt: Susi. Sie war aber erst – leider muß ich sagen – 17 Jahre und noch Jungfrau. Auch ich hatte keine Erfahrungen in der Liebe. Ich kannte mich nur in Pornos aus, die gab's ja im Gefängnis en masse. Und die haben mir eine völlig falsche Vorstellung von Liebe und Sexualität vermittelt. Ich hatte eine viel zu hohe Erwartungshaltung. Das klappte ja gar nicht so, wie ich es tausendmal gelesen und gesehen hatte. Und ich hatte Angst. Angst, die Erwartungen des Mädchens nicht erfüllen zu können. Ich glaube, wir hatten beide Angst voreinander. Wir waren nicht reif genug. Außerdem war ihr Vater ein Säufer, die Mutter hatte zu Hause die Hosen an. Das Haus, aus dem sie kam, war total heruntergekommen und verwahrlost. Doch dafür konnte Susi ja nichts. Aber ich habe das einfach nicht brauchen können. Wenn wir abends mal nach 22.00 Uhr nach Hause kamen, bekam sie gleich Schläge, und wie.

Als ich dann Schluß machte, war es für sie ein Schock. Ich habe ihr bis heute noch nicht gesagt, warum ich die Beziehung zu ihr abgebrochen habe. Das war feige und fies von mir. Für sie war das sehr schlimm, denn sie war total verrückt nach mir und wollte nicht aufgeben. Sie hat noch lange versucht und alles daran gesetzt, mich zurückzugewinnen. Ich war nirgends vor ihr sicher. Vielleicht war sie die einzige Frau, die mich so richtig geliebt hat. Vielleicht hätte ich es mit ihr zusammen geschafft. Auch beim nächsten Mädchen ging es nicht viel besser. Wohl hat diese Beziehung vier Monate überdauert, aber schließlich hat sie es nicht mehr ausgehalten, jeden Abend mit mir fortzugehen und erleben zu müssen, daß ich immer zuviel getrunken habe. Da ich ja keine eigene Fahrgelegenheit, geschweige denn einen Führerschein hatte, mußte sie immer fahren. Das war ihr mit der Zeit auch zu teuer. Sie hat dann Schluß gemacht. Seit damals weiß ich, was es heißt, wenn der andere Schluß macht. An jenem Abend habe ich mich total mit Whisky vollaufen lassen. An der Bar, auf einem Stuhl. So um die 1½ Flaschen habe ich gebraucht, bevor mir der Film riß und ich nichts mehr von meiner Umwelt, von dieser ganzen beschissenen Welt mitbekam. Aufgewacht bin ich wieder im Kreiskrankenhaus. Ich hatte eine Alkoholvergiftung.

Die schönste Zeit meines Lebens

Meine schönste, für mich auch bedeutendste Zeit meines Lebens begann in der darauffolgenden Fastnachtszeit und dauerte bis November. Eigentlich hatte ich Erika schon bei meinem Bruder zu Hause kennengelernt, bei einem kleinen Familienfest. Sie war mit dem besten Kumpel meines Bruders verlobt. Mir hat sie vom ersten Augenblick an sehr gefallen. Wie ich später von ihr erfahren habe, hat es auch bei ihr gleich gefunkt. Ich drängte meine Gefühle jedoch total in den Hintergrund, da sie ja schon mit dem besten Freund meines Bruders verlobt war. Das allein hat ausgereicht, auf sie zu verzichten. Anfangs. Ich hatte sie schon fast vergessen, da tauchte sie mit ihrem Verlobten in der Disco auf, wo ich nebenher als Barkeeper zusätzlich etwas Geld verdiente. Sie kam nur, auch das erfuhr ich später von ihr, um mich wiederzusehen. Eigentlich ging alles von ihr aus. Und es ging schnell. Ich habe sie einfach zum Tanzen aufgefordert, als eine Schmuserunde angesagt war. Da hat es dann richtig gefunkt. Und wir waren verliebt. Ich zersprang beinahe vor Glück. Vor allem, da sie ja schon wußte, daß ich wegen Vergewaltigung und schwerer Körperverletzung im Knast gewesen war: „Das macht mir nichts aus, ich will trotzdem mit dir gehen!" Ich höre es heute noch. Meine schönste Zeit begann. Ich hätte in diesem Augenblick für sie die Sterne vom Himmel holen können, so glücklich war ich auf einmal. Leider haben meine Eltern uns wenig Raum und legale Gelegenheit gegeben, beieinander zu sein. Wir waren ja keine Kinder mehr, wir haben uns geliebt. Sie war der Traum meines Lebens. Wenn ich mit ihr zusammen war, war Mister Alkohol tabu. Wochenlang trank ich keinen Tropfen. Wir waren in der Eisdiele, fuhren miteinander Fahrrad, gingen stundenlang spazieren. Zu Hause durfte ich nicht ungestört mit ihr auf meinem Zimmer sein. Da gab es keine Diskussion. Wir haben doch keinen „Puff" hier, sagte mein Vater kurz und bündig. Wir waren trotzdem Tag für Tag zusammen. Eine Bedienung in einer Diskothek hat einmal zu uns gesagt: „Ihr seid ein hübsches Paar, ihr könnt euch eure Wünsche ja von den Augen ablesen, ihr braucht dafür ja kaum ein Wort." So war es am Anfang. Wenn meine andere Seite, Mister Alkohol und mein ungeheurer Drang, immer fort zu sein, immer unter Leuten zu sein, immer da zu sein, wo was los war, nicht gewesen wäre, dann hätte alles so bleiben können.

Ich hatte Schulden. Allein 2000,– DM, die ich im Sommer für einen achttägigen Urlaub in Italien verputzt hatte. Das war auch so eine Sache.

Sommer. Dorffest. Ich sitze mit meinen Kumpels am Biertisch, alles dreht sich um Urlaub. Ausgemacht. Wir fahren morgen früh los. Wir fahren nach Rimini. Dort müssen wir hin. Zum Schlafen kommen wir in dieser Nacht nicht. Unser Beschluß mußte ja gebührend gefeiert werden; feiern hieß bei uns begießen, hieß Alkohol. Am nächsten Morgen um 7.30 Uhr sollte es losgehen. Doch bis ich meine Familie aus dem Bett bekam, am Sonntagmorgen, bis alles gepackt war, und bis auch noch die Bewährungshelferin ihr Einverständnis telefonisch durchgegeben hatte, vergingen zwei Stunden. Mit dem Opel Manta eines Kumpels ging's los. Solange wir in Deutschland waren, fuhren die beiden anderen. Da traute ich mich noch nicht, da ich ja keinen Führerschein besaß. In der Schweiz bin ich dann für zwei Stunden hinterm Steuerrad gesessen. Da konnten die andern mal ausruhen von der schweren und kurzen Nacht. Und ich bin wie ein König gefahren. Wenn die Straßen gerade waren und übersichtlich, bin ich glatte 200 Sachen gefahren. Das haben die 110 PS schon gebracht. Das war ein Gefühl. Nach neun Stunden waren wir am Ziel. Und dann ging's los. Wir haben in einer Woche 2000,– DM auf den Kopf gehauen, jeder. Wir haben ja auch gelebt wie die Fürsten oder wie Gott in Frankreich. Das meiste Geld ging natürlich fürs Saufen drauf. Aber ich muß dieses Thema abschließen, sonst werde ich noch verrückt. Ich darf nicht soviel von der schönen Vergangenheit erzählen, nicht so intensiv daran denken. Mir platzt fast der Kragen, wenn ich mir darüber klarwerde, daß für sehr lange Zeit, vielleicht für immer, meine Welt aus 11,25 qm Bodenfläche besteht. Größer ist eine normale Einzelzelle nicht.

Die Woche jedenfalls war schnell vorüber. 2000,– DM waren weg. Ich mußte einen Kredit aufnehmen, um die 2000,– DM wieder zurückzahlen zu können. Das machte monatlich 300,– DM. Dazu kamen monatlich noch 200,– DM, die ich für Krankenhauskosten meines Opfers der ersten Tat bezahlen mußte. Dann kamen noch 400,– DM Kostgeld für zu Hause dazu. Da blieb für mich nicht mehr sehr viel übrig. Zuerst kaufte ich mir eine Stereoanlage auf Raten, dann mußte ich dazu natürlich Schallplatten und Kassetten anschaffen. Außerdem brauchte ich natürlich auch etwas zum Anziehen. Ich bin der einzige in unserer Familie, der das Geld mit beiden Händen ausgeben kann. So schnell wie ich es ausgab, konnte ich es ja unmöglich verdienen. Mein Motto war: „Heute alles o.k., was morgen ist, das wird sich zeigen." Für wen sollte ich auch sparen. Ich wollte es mir gutgehen lassen. Jetzt endlich, nicht erst später. Ziemlich kurzsichtig, denke ich jetzt. Damals wußte ich ja auch nicht, daß mir Erika begegnen würde, daß ich bald ein Mädchen finden würde, mit dem ich Grund genug hätte, zusammen zu sparen. Für ein gemeinsames Leben. Noch wußte ich das nicht.

Zuvor lernte ich nämlich noch ein paar Typen kennen, die genausowenig wie ich darauf aus waren, Geld zu sparen und für die Zukunft vorzubeugen. Als uns der Geldbeutel langsam leer wurde, kam einer auf die Idee, einen Einbruch zu machen. Ich lehnte anfangs ab. Als aber auch bei mir Ebbe war und ich von der Bank und von zu Hause nichts mehr holen konnte, sagte ich zu. Die hatten bereits eine einsame Tankstelle ausbaldowert, wo man ungestört einsteigen konnte. In der vereinbarten Nacht waren wir zu dritt. Jeder von uns hat etwa 30,– DM Bargeld und etwa

30 Schachteln Zigaretten erbeutet. Das war zwar nicht viel, hat aber wieder für das nächste Ausgehen ausgereicht. Dies war mein erster Einbruch seit meiner Entlassung. Kurz danach habe ich die Erika kennengelernt. Jetzt hatte ich keine Zeit und auch überhaupt kein Verlangen nach solchen Dingen. Bis im Juni die erste Krise in unserer Beziehung da war. Von heute auf morgen. So hat es mich getroffen. Ich habe plötzlich gemerkt, daß ich vielleicht doch nicht der einzig denkbare Mann für Erika bin, daß sie doch nicht so felsenfest zu mir hält. Aber wir haben es nach einer Aussprache noch einmal miteinander versucht. Ich bin ihr überallhin nachgefahren, habe mich hinfahren lassen, wo sie war. Meine Unnachgiebigkeit hat geholfen, aber nur vorübergehend. Denn kurz danach kam der Einbruch ans Tageslicht. Normalerweise hätte der Bruch nicht herauskommen dürfen. Aber die anderen konnten nicht genug bekommen. Sie hatten weitergemacht. Einmal hatten sie ein Schützenhaus ausgeräumt und mehrere Waffen entwendet. Einer von den Idioten wollte nachts ein Kleinkalibergewehr, das aus dieser Diebesbeute stammte, putzen, im Bett – das muß man sich vorstellen – und schoß sich dabei in den Fuß. Seine Kumpels, die bei ihm übernachteten, brachten ihn ins Krankenhaus, wo der Arzt dies natürlich als Waffenverletzung sofort erkannte. Und schon stand die Polizei da, und schon war das ganze Beutelager zu Hause entdeckt. Dann ging es schnell. Wir Knakkis sagen dazu: „Die Nachtigall hat gesungen!" So kam auch der Einbruch heraus, an dem ich beteiligt gewesen war. Ich wurde von der Polizei während der Arbeit vom Betrieb abgeholt und verhört. Zuerst haben mir die Polizisten nicht geglaubt, daß ausgerechnet ich nur bei einem einzigen Einbruch beteiligt war. Aber so war es halt. Gott sei Dank. Bei der Gerichtsverhandlung bekam ich zu meinen 12 Monaten Bewährung, die ich noch offen hatte,

3 Monate dazu. Und dann ging es immer schneller bergab:

6 Wochen später war Erika einmal für ein Wochenende mit ihrem Bruder auf einem Motorradtreffen in Österreich. Wie immer, wenn sie mal nicht da war, war ich nicht in der Lage, etwas Vernünftiges zu tun. Also fuhr ich mit meinem Fahrrad zum Baggersee, um zu sehen, was dort los war. Dort würden schon ein paar Kumpels sein. So war es auch. Sogar ein Kasten Bier stand schon da. Der wurde erst mal geleert. Das hat natürlich nicht gereicht. Also ging es auf in die Stadt. Dort sollte ein Straßenfest stattfinden mit Preisen wie zu Opas Zeiten: 1 Halbe Bier 80 Pfennig, 1 Schnaps für 1,– DM. Dort hat jeder von uns ungefähr 5 Halbe getrunken, 6 oder 7 Schnäpse dazu. Am Baggersee haben wir dann weitergetrunken. Bis bei mir wieder der Faden riß. Ich kann jetzt nur noch das erzählen, was ich später gesagt bekommen habe: Ich hätte Erika angerufen und einen Treffpunkt mit ihr ausgemacht, ich hätte die Schlüssel zum Auto eines Kumpels entwendet, ich hätte eine Spritztour gemacht und das gestohlene Fahrzeug schrottreif gefahren. Ich kam ins Krankenhaus, da ich zahlreiche Schnittwunden und vor allem eine schwere Armverletzung davongetragen habe. Seit damals habe ich ein steifes Ellenbogengelenk. Durch diesen Blödsinn habe ich meine Gesundheit eingebüßt. Und noch viel mehr. Seit damals ging die Liebe zwischen Erika und mir langsam zu Ende. Ich glaube, sie bekam Angst vor der Zukunft. Ich war ihr zu unsicher, zu unzuverlässig. Einen Mann haben, der ins Gefängnis muß, weil er wieder einmal im Alkohol nicht wußte, was er tat, das war zuviel für sie. Also war es aus. Aus mit Spazierengehen, Fahrradfahren, aus mit Spezi und Eis. Dafür ging es wieder los mit Bier und Schnaps. Jeden Abend, jede Nacht. Obwohl ich anfangs wegen des Unfalls noch krankgeschrieben war. Als ich mich dann

wieder zur Arbeit meldete, bekam ich sofort die Entlassungspapiere. Vom Arbeitsamt bekam ich 950,– DM Arbeitslosengeld. Ich hatte ja mehr abzubezahlen. Also blieb mir nichts. Ich habe mich so durchgebettelt, habe hin und wieder bei einer Firma aushelfen dürfen. Wenn ich dann Erika irgendwo gesehen habe, brach ich in Verzweiflung aus. Es blieb mir nur ein Freund, der Alkohol, und der hat gewonnen, auf der ganzen Linie. So wurde es Weihnachten, und so begann das neue Jahr.

Es hat schlecht begonnen. Darüber kann ich nicht schreiben, noch nicht. Nächtelang verfolgen mich Träume, lassen mir tagelang keine Ruhe.

Wie geht es weiter? Im Gerichtsurteil, das mich lebenslänglich hinter Gitter steckte, steht, daß ich nach einer Zeit der Nachreifung therapiert werden soll. Vor ein paar Wochen habe ich mich erkundigt, wie es um meine Therapie steht. Man hat mir gesagt, eine Therapie komme erst im letzten Drittel der Strafverbüßung in Frage. Das heißt für mich, frühestens in 10 bis 15 Jahren kann die Therapie beginnen.

Tatjana Gortischewa

Von Gott zu reden ist gefährlich

Meine Erfahrungen im Osten und im Westen

Die Geschichte einer jungen Frau, ihrer inneren und äußeren Entwicklung. Leidenschaftlich schildert sie ihre Erfahrungen im Osten wie im Westen: die Schwierigkeiten, als Christ in der Sowjetunion zu leben, die Erfahrungen in der Emigration, die Begegnung mit dem für sie vielfach übersättigten und oberflächlichen Christentum des Westens.

2. Auflage. 128 Seiten, Paperback. ISBN 3-451-20011-2

Barbara Just-Dahlmann

Und sprach zu den Richtern: Sehet zu, was ihr tut

Menschliche Geschichten

„Sie kann köstlich erzählen. Das hat sie schon bei ihrer bewegenden Geschichte über ‚Simon', den in der BRD lebenden Ostjuden, bewiesen. Aber diesmal mischen sich in die aufmerksame Beobachtung der kleinen Fälle vor Gericht nicht nur Humor, Ernsthaftigkeit und der Wille zur Wahrheit. Die Autorin, einst Staatsanwältin und jetzt Richterin, zeigt zudem so etwas wie Weisheit, wenn sie die großen und kleinen Schwächen bei Angeklagten, Richtern und Staatsanwälten schildert" (Deutsches Allgemeines Sonntagsblatt).

96 Seiten, Paperback. ISBN 3-451-19977-7

Hanne Baar

Kommt, sagt es allen weiter

Eine Christin berichtet über charismatische Erfahrungen
Mit einem Nachwort von Karl Rahner

„In diesem begeisternden Buch gibt die Autorin Zeugnis darüber, was in ihrem Leben geschah, als sie vom Geist und von der Gnade Gottes erfaßt wurde. Ihr Bericht schildert eine Bekehrung. Hanne Baar wurde vom Evangelium zu einem Zeitpunkt neu getroffen, als sie nicht mehr aufnahmefähig war für den Glauben, der ihr in den Jugendjahren beigebracht wurde" (L'Alsace, Mülhausen).

80 Seiten, Paperback. ISBN 3-451-19886-X

LEBENS ZEICHEN

Lebenszeichen

In Vorbereitung

Aime Duval

Warum war die Nacht so lang

Wie ich vom Alkohol loskam

Der „Troubadour des Glaubens", der bekannte Jesuit und Chansonnier Père Aime Duval, erzählt hier von der Krankheit des Alkoholismus. Es ist die Geschichte einer Reise durch eine scheinbar ausweglose Hölle: hart und voller Dramatik, ehrlich, lebensnah und zugleich voller Hoffnung.

ca. 176 Seiten, Paperback, ISBN 3-451-20213-1. September 1984.

Ruth Pfau

Wenn man seine große Liebe trifft

Das Geheimnis meines Lebens
Mit einem Nachwort von Rudolf Walter

Das faszinierende Lebenszeugnis einer großen Frau unserer Zeit. Die hochbegabte Tochter eines Leipziger Modeverlegers, der alle Karrieren offenstanden, hat sich entschieden, bei den Ärmsten der Armen zu leben. Als Ärztin hilft die Ordensfrau den Aussätzigen in Pakistan. Risikobereite Güte, überlegener Humor und ein überwältigender Glaube an das Gute, das strahlt aus diesem Buch.

160 Seiten, Paperback, ISBN 3-451-20259.

Verlag Herder Freiburg · Basel · Wien